독자의 1초를 아껴주는 정성!

☆

세상이 아무리 바쁘게 돌아가더라도
책까지 아무렇게나 빨리 만들 수는 없습니다.
인스턴트 식품 같은 책보다는
오래 익힌 술이나 장맛이 밴 책을 만들고 싶습니다.
길벗이지톡은 독자여러분이 우리를 믿는다고 할 때 가장 행복합니다.
나를 아껴주는 어학도서, 길벗이지톡의 책을 만나보십시오.

독자의 1초를 아껴주는 정성을 만나보십시오.

미리 책을 읽고 따라해본 2만 베타테스터 여러분과 무따기 체험단, 길벗스쿨 엄마 2% 기획단,
시나공 평가단, 토익 배틀, 대학생 기자단까지!
믿을 수 있는 책을 함께 만들어주신 독자 여러분께 감사드립니다.

(주)도서출판 길벗 www.gilbut.co.kr
길벗 이지톡 www.gilbut.co.kr
길벗 스쿨 www.gilbutschool.co.kr

한 달
영어발음
교정

파파 잉글리시 지음

한 달 영어발음 교정

초판 발행 · 2024년 12월 20일
초판 2쇄 발행 · 2025년 6월 4일

지은이 · 파파 잉글리시(방그레)
발행인 · 이종원
발행처 · (주)도서출판 길벗
브랜드 · 길벗이지톡
출판사 등록일 · 1990년 12월 24일
주소 · 서울시 마포구 월드컵로 10길 56(서교동)
대표 전화 · 02)332-0931 | **팩스** · 02)323-0586
홈페이지 · www.gilbut.co.kr | **이메일** · eztok@gilbut.co.kr

기획 및 책임 편집 · 고경환(kkh@gilbut.co.kr), 김대훈 | **디자인** · 강은경 | **제작** · 이준호, 손일순, 이진혁
마케팅 · 차명환, 장봉석, 최소영 | **유통혁신** · 한준희 | **영업관리** · 김명자, 심선숙 | **독자지원** · 윤정아

교정교열 · 안현진 | **전산편집** · 허문희 | **오디오녹음** · 와이알미디어
CTP 출력 및 인쇄 · 예림인쇄 | **제본** · 경문제책

- 길벗이지톡은 (주)도서출판 길벗의 성인어학서 출판 브랜드입니다.
- 이 책은 저작권법의 보호를 받는 저작물로 이 책에 실린 모든 내용, 디자인, 이미지, 편집 구성은 허락 없이 복제하거나 다른 매체에 옮겨 실을 수 없습니다.
- 인공지능(AI) 기술 또는 시스템을 훈련하기 위해 이 책의 전체 내용은 물론 일부 문장도 사용하는 것을 금지합니다.
- 잘못 만든 책은 구입한 서점에서 바꿔 드립니다.
- 책 내용에 대한 문의는 길벗 홈페이지(www.gilbut.co.kr) 고객센터에 올려 주세요.

ISBN 979-11-407-1095-9 03740(길벗 도서번호 301183)
정가 17,000원

독자의 1초를 아껴주는 정성 길벗출판사
(주)도서출판 길벗 | IT단행본, 성인어학, 교과서, 수험서, 경제경영, 교양, 자녀교육, 취미실용 www.gilbut.co.kr
길벗스쿨 | 국어학습, 수학학습, 주니어어학, 어린이단행본, 학습단행본 www.gilbutschool.co.kr

유튜브 @GILBUTEZTOK | 인스타그램 gilbut_eztok | 네이버포스트 gilbuteztok

• 머리말 •

Smooth like butter,
버터처럼 부드럽게 한 달이면 교정 끝!

왜 내 영어를 못 알아듣는 걸까요?

사전에서 찾아보고 정확한 발음으로 했는데 왜 원어민은 못 알아듣는 걸까요? 어려운 말도 아니었어요. 뉴욕 스타벅스에 갔을 때 "What kind of milk do you have?"라고 우유 종류를 물어보고 싶을 뿐이었어요. 바리스타가 계속 "Excuse me?"라며 다시 얘기해 달라는 말을 반복했을 때, 옆에서 지켜보는 동료들한테 너무 창피하더라고요. 그것도 있어요. 넷플릭스에서 미드를 보면 왜 단어조차도 잘 안 들리는 걸까요? 영어 자막을 켜 보면 거의 다 아는 말인데도 말이죠. 저는 토익이 800점도 넘는데요.

비밀은 '연음'입니다

"구지 그걸 배울 피료가 인나요?"

이 말을 들으면 우리는 자연스럽게 "굳이 그걸 배울 필요가 있나요?"라고 머리 속에서 철자를 떠올릴 수 있습니다. 왜냐하면 한국에서 태어나 한국어의 소리를 먼저 배웠기 때문이죠. 그 다음에 철자와 소리를 연결하는 '연음'을 배웠고요. 영어는 어떨까요? 우리는 영어를 한국어와 반대로 배웠습니다. 책을 보며 속으로 읽으며 해석하고 쓰면서 철자를 먼저 익혔습니다. 그리고 아직 철자와 실제 소리가 연결이 안 되어 있죠. 이제 그 철자가 소리와 연결되는 것을 배워야 할 때입니다.

딱 한 달이면 충분합니다

연음을 배우는 데는 그리 많은 시간이 필요하지 않습니다. 영어에 존재하는 모든 연음을 배울 수도 없고, 그럴 필요도 없습니다. 영어 초보자도 지치지 않고 따라할 수 있을 정도로 만만한 내용만 모아 보니 한 달이면 충분하더라구요. 'Did you?'의 실제 발음이 '디드.유?'가 아니라 '디쥬?'인 것처럼 연음은 우리가 알던 발음에서 약간만 수정을 하면 됩니다.

재밌게 배워야 합니다

영어를 정말 좋아하는 제가 제일 중요하게 생각하는 게 있습니다. 재밌게 배워야 한다는 것입니다. 특히 발음은 계속 소리를 내며 적극적으로 따라해야 해서 지치기 쉽죠. 그래서 다양한 주제의 유명 스타 인터뷰와 대사로 시작합니다. 공부하는 느낌 없이 흥미롭게 접근할 수 있도록 말이죠. 보통 영어 발음을 생각하면 이상하게 생긴 발음기호가 먼저 떠오르는 분들이 많으실 겁니다. 그 기호가 중요한 건 변함이 없습니다. 하지만 이 책은 최대한 실제 발음에 가깝게 한글로 표기했고 꼭 필요할 때만 영문 발음을 넣었습니다. 한글 발음이 처음에는 생소하실 수 있지만, MP3 파일을 함께 들으면 금세 제법 원어민의 소리에 가깝게 읽을 수 있을 거예요. 따라하기 힘든 부분은 제가 개인 과외처럼 자세하게 강의도 만들어

넣었습니다.

그리고

연음으로 시작한 발음 교정이 완벽하게 끝날 수 있도록 '강세'와 '리듬'까지 연결되도록 구성했습니다. 애써 입에 붙인 발음을 실제 상황에서 써먹을 수 있도록 각 주, 매일마다 하나의 회화 주제를 가지고 연습합니다. 자칫 지루해질 수 있는 발음 연습을 회화 연습으로도, 표현 학습으로도 활용하세요. 구독자 님들은 아시죠? 제가 어렵고 딱딱하게 설명했을 리 없잖아요? 여러분, 저 파파 잉글리시랍니다. 여러분의 눈과 귀를 즐겁게 해 줄 만한 요소들을 꽉꽉 채워 넣었으니까, 믿고 따라오셔도 좋습니다.

• 들어가며 •

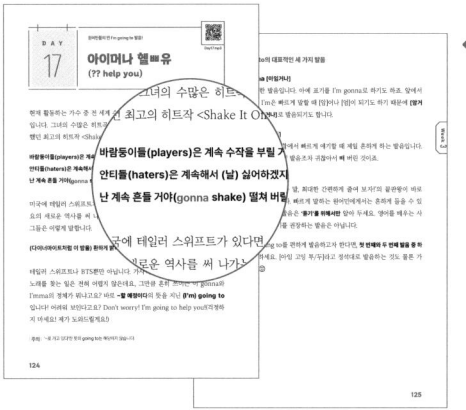

'맞아! 이렇게 발음되던데, 이래서였어?', '엇? 원래 이렇게 발음되던 거였어?' 같은 느낌이 들 수 있도록, 각 챕터는 우리가 들어 봤을 만한 영화의 대사나 팝송의 가사 등으로 시작합니다.

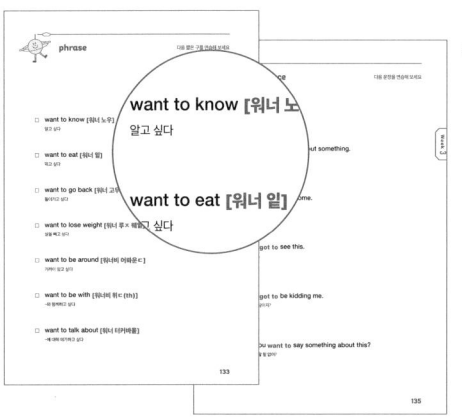

훈련은 phrase → sentence → conversation 으로 구성되어 있습니다. 두 단어 연습, 문장 그리고 대화 순으로 난이도를 높여 가며 연습합니다. 세심하게 녹음하고 편집한 원어민 오디오 파일을 들으며 학습해 보세요.

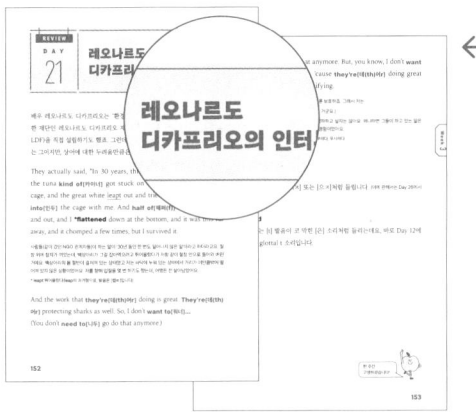 ← 각 주의 마지막 날은 통합 연습으로 다소 긴 호흡의 셀럽 인터뷰 등을 직접 귀로, 눈으로 확인해 보고 가볍게 연습할 수 있는 시간을 가집니다.

 ← 저자가 직접 원어민과 꼼꼼하게 녹음한 MP3 파일을 무료로 제공합니다. 집필 의도를 충분히 살릴 수 있을 때까지 여러 번 녹음하고 고쳤습니다. QR코드를 찍어서 듣거나 길벗 홈페이지에서 다운로드할 수 있습니다. 글로만 설명이 어려운 부분은 제가 직접 찍은 동영상 강의를 넣어 이해가 쉽도록 했습니다.

● 들어가며 ●

1. 이 책이 다루는 발음

이 책의 발음은 '북미 발음'을 기준으로 설명 및 표기합니다. 모든 연음 현상을 다루는 것이 아니라(그럴 수도 없고, 그럴 필요도 없습니다), 한국인의 발음 습관을 고려하여 스피킹과 리스닝의 차원을 달리해 줄 발음 현상 위주로 선정하여 다룹니다.

'연음 현상'은 사람들이 발음을 편하게 하려다 보니, 습관처럼 굳어진 현상입니다. 흔한 단어의 조합일수록 더 자주 일어나고, 그렇지 않은 경우 일어나지 않는 경우도 다반사이죠. 따라서 수학 공식처럼 외우려고 부담 갖지 말고, 책장을 넘길 때마다 '뭐야? 이렇게 발음하면 편한 거였네~!' 이 정도의 가벼운 마음만 가지고 따라오시면 되겠습니다.

2. 한글 발음 기호 설명

이 책은 알파벳 하나하나의 발음이 아닌, 단어가 이어질 때의 소리 변화(연음)를 다루는 책이기 때문에 영어 소리의 정확한 표기보다는 '변화를 이해'하는 데 초점을 맞췄습니다. 따라서 많은 분들이 쉽게 다가가실 수 있도록 국제발음기호(IPA: International Phonetic Alphabet)를 사용하지 않고 (꼭 필요한 부분을 제외하고는) 영어 소리와 가장 비슷한 한글로 발음을 표기했습니다.

영어 소리와 한글이 일대일로 매칭될 수 없기 때문에 어떻게 표기하느냐에 따라 달라질 수 있는데요, 이 책에서는 다음과 같은 원칙을 가지고 정리했습니다.

kiss [키스]

마지막 ss처럼 단독으로 자음만 오는 경우, 모음 없이 자음으로만 표시해서 우리말의 [스]처럼 발음하는 것을 방지하고자 했습니다.

fan [팬(f)] / think [씽(th)ㅋ] / other [어더(th)r]

한글로 표기할 수 없는 발음들은 이렇게 표기합니다.
- [f], [v]: [ㅍ(f)], [ㅂ(v)]
- th 발음: [ㅆ/ㄷ(th)]
- 받침으로 오는 [r] 발음: 뒤에 그대로 [r]로 표시

ball [벌]

ball, call 등의 발음([ɔ])은 우리말의 [오], [어], [아] 그 어디쯤의 발음인데요, 가장 가까운 [어]로 통일했습니다.

go [고우]

이 발음([ow]) 또한 우리말의 [어우], [오우] 그 중간쯤이지만, [오우]로 통일했습니다.

good [굳]

good, could 같은 경우 또한, 우리말의 [으]와 [우] 중간 발음([ʊ])이지만 [우]로 통일합니다.

한 음가에 하나의 표기만 고집하지 않았습니다
sit: [씯] vs [싵], worry: [워뤼] vs [워리]

하나의 철자더라도 여러 환경적인 요인으로 인해 매치되는 한글 소리가 다르게 들릴 수 있습니다. 하나의 표기를 고집하지 않고 각 단어와 상황에 어울린다고 판단되는 소리로 혼용하여 사용하였습니다.

한 단어라도 환경에 따라 표기를 다르게 했습니다

예를 들어, for의 경우 천천히 발음하면 [포(f)어r]라고 발음되지만, phrase나 문장 내에서 빠르게 발음하는 것이 자연스러울 경우 [포(f)r]로 표기하였습니다.

받침 표기 원칙: bag[백] vs back[밲]

끝 자음을 받침으로 발음할 경우 발음의 차이는 없지만 영어의 어떤 자음이 숨어 있는지 표기하기 위해 [백] / [밲]으로 차이를 두고 표시했습니다.

[y] 기호 사용

원래 you의 첫소리는 IPA 기호상으로는 [j]입니다. 하지만 우리말의 [ㅈ] 발음과 헷갈릴 염려가 있어 이런 발음을 설명해야 할 필요가 있을 때, 대신 [y] 기호를 썼습니다. 실제로 북미 음성 기호를 따르는 경우 이렇게 표기하기도 합니다.

띄어쓰기

띄어쓰기는 단어 띄어쓰기를 따르지 않고, 실제 발음하면서 숨을 고르게 되는 부분을 고려하여 적용했습니다.

(-) 기호 의미

각 모음의 길고 짧음(seat vs sit)은 그 부분에 너무 치중할 염려가 있어 별도로 표시하지 않았습니다. 다만 need it[니딭]처럼 별도 표시 없이 한글 표기만 읽으면 영어 리듬이 살지 않을 경우, [니-딭]이라고 표기하여 길게 발음할 것을 나타냈습니다.

목 차

머리말 · 003
들어가며 · 006

  **왕초보를 위한 연음 규칙**

DAY 01 | 자음은 모음에 붙여 발음하자 · 018

DAY 02 | 같은 소리는 깔끔하게 한 번만! · 024

DAY 03 | '된소리 규칙' 간단하게 이해하기 · 031

DAY 04 | [h] 생략하고 영어 리듬 챙기기 · 037

DAY 05 | 입 밖으로 소리 내지 않는 stop 현상 · 044

DAY 06 | [t+you], [d+you] 부드럽게 발음하기 · 050

DAY 07 | Review | 테일러 스위프트 수상 소감 · 057

재미로 읽는 문화 Tip   해외여행 Tip을 위한 Tip! · 058

Week 2 이것만 해도
확실히 좋아지는 t와 d

Day 08 | 부드러운 버전의 flap t 배워 보기 · 062

Day 09 | [d]도 부드러운 버전이 있다 · 069

Day 10 | [t]를 아예 발음하지 않는 경우 (1) · 075

Day 11 | [t]를 아예 발음하지 않는 경우 (2) · 082

Day 12 | not을 축약한 n't 발음 방법 · 088

Day 13 | to를 발음하는 방법은 따로 있다 · 095

Day 14 | Review | 티모시 샬라메와 펭수의 만남! · 102

재미로 읽는 문화 Tip 이른 시간 vs. 늦은 시간 · 104

013

Week 3 영어 리스닝 향상을 위한 연음 규칙

Day 15 | be동사 축약 발음, 이걸로 끝! · 108

Day 16 | will 축약 발음 한 번에 정리! · 116

Day 17 | 원어민들의 찐 I'm going to 발음! · 124

Day 18 | want to 대신 wanna, got to 대신 gotta · 131

Day 19 | of를 원어민처럼 발음하는 방법 · 138

Day 20 | <what+do동사/be동사> 발음이 같다?! · 145

Day 21 | Review | 레오나르도 디카프리오의 인터뷰 · 152

재미로 읽는 문화 Tip 미국인들의 데이팅 문화 · 154

Week 4  유창해지는 연음 치트키 연습

Day 22 | 영어 리듬 몸에 익히기 · 158

Day 23 | 약한 모음은 슈와(schwa)로 발음하자 · 163

Day 24 | 슈와로 발음하는 습관을 들이면 좋은 단어들 (1) · 170

Day 25 | 슈와로 발음하는 습관을 들이면 좋은 단어들 (2) · 178

Day 26 | 슈와로 발음하는 습관을 들이면 좋은 단어들 (3) · 186

Day 27 | 슈와로 발음하는 습관을 들이면 좋은 단어들 (4) · 193

Day 28 | th 발음을 쉽게 하는 법 · 200

Day 29 | have/has to 쉽게 발음하는 방법 · 207

Day 30 | Review | 혀를 단련시키자! Tongue Twister! · 213

발음 연습 Tip 연음이 좋아지는 학습 Tip · 214

발음 교정을 위한 쉐도잉 Tip · 215

재미로 읽는 문화 Tip 난 칭찬이었는데… · 216

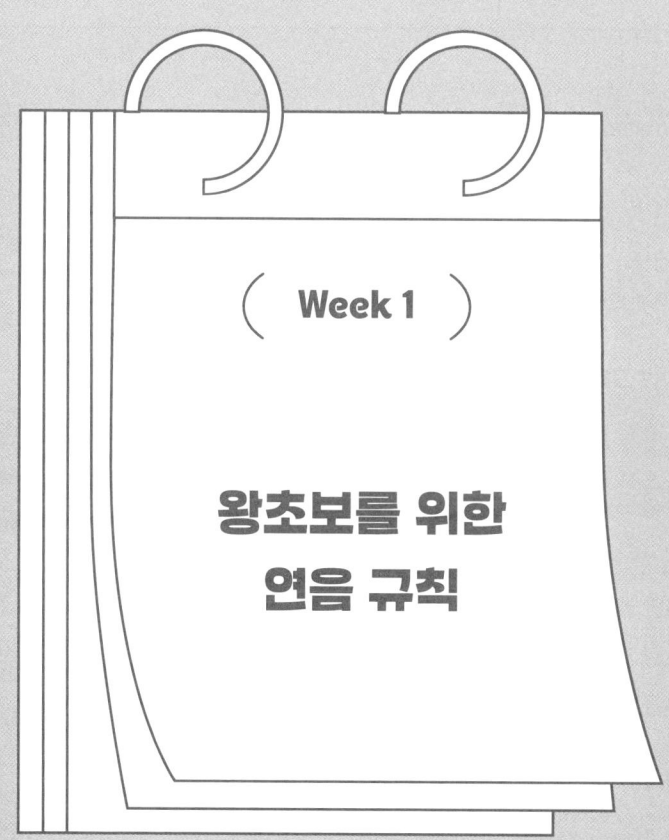

Week 1

왕초보를 위한 연음 규칙

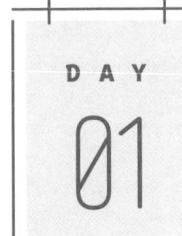

자음은 모음에 붙여 발음하자

저ㅅ떠 거r얼
(Just a girl)

Day01.mp3

I'm also **just a** girl.

세월이 지난 지금도 여전히 마음을 몽글몽글하게 하는 영화! 많은 사람들이 인생 영화로 꼽는 <노팅힐(Notting Hill)>의 대표적인 '사랑 고백' 명대사죠. "나도 여자랍니다~♬"

"어? 그런데 여기 a가 안 들리는데요? a 없는 거 아녜요?"

우리가 생각하는 just a는 [저스트 어]죠? 하지만 **영어에는 모음 'ㅡ'가 없어요!** 따라서 s는 [스]가 아니라 [ㅅ] 자음 소리만, 즉 치아 사이로 바람만 빼듯이 발음하고, 마지막 t와 다음 모음 a를 합쳐서 justa[저ㅅ떠]처럼 발음합니다.

정말 많은 한국 분들이 본인이 영어 자음에 'ㅡ'를 붙이는 습관이 있다는 걸 모르고 계시더라고요. **이 습관만 고쳐도!** 여러분의 영어가 눈에 띄게 좋아지는 걸 경험하시게 될 겁니다.

마지막 자음 + 시작 모음

앞 단어가 자음으로 끝나고 뒤에 오는 단어가 모음으로 시작할 경우, 앞의 자음이 뒤의 모음에 붙어서 발음됩니다. 이걸 잘 활용한 예가 바로 <Angel-in-us>입니다. 한국어로 '엔젤리너스'라고 표기하는데요, 연음의 좋은 예입니다. ☺ 다만, one, your처럼 철자상으로는 모음으로 보여도 [w]나 [y] 소리를 내는 경우 자음이라는 것에 주의하세요.

phrase

다음 짧은 구를 연습해 보세요

Week 1

- □ **check in [췌낀]**
  체크인하다
  ↳ [킨]이 아니라 [낀]으로 발음되는 이유는 Day 3에서 다룹니다.

- □ **check out [췌까울]**
  체크아웃하다

- □ **It's in [이친]**
  그것은 ~(안)에 있다

- □ **This is [디(th)시ㅈ]**
  이것은 ~이다

- □ **There's a [데(th)어r저]**
  ~이 있다

- □ **Can I [캐나이]**
  ~해도 되나요?

- □ **Does it [더짙]**
  그것은 ~하나요?

☐ **like it [라이킽]**
그것을 좋아하다

☐ **travel around [트래블(v)러롸운ㄷ]**
여행하고 다니다
↳ tr, dr의 t, d는 [츄], [쥬]로 소리 나기도 합니다. 따라서 [츄래ㅂ(v)러롸운ㄷ]도 가능합니다.

☐ **one hour [워나우어r]**
한 시간

☐ **with us [위더(th)ㅅ]**
우리와 함께

☐ **pick up [피껖]**
집어 올리다

☐ **need it [니-딭]**
그것이 필요하다

☐ **I'm in [아이민]**
나는 ~(안)에 있다

sentence

다음 문장을 연습해 보세요

Week 1

☐ **She's afraid of flying.**
[쉬-저ㅍ(f)레이더브(v)]
그녀는 비행기 타는 것을 무서워한다.

☐ **I pack a suitcase.**
[패꺼]
나는 짐을 싼다.

☐ **I called a taxi to go to the airport.**
[컬더]
나는 공항에 가기 위해 택시를 불렀다.

☐ **Where's the check-in counter?**
[췌낀]
체크인 카운터가 어디 있나요?

☐ **I have a layover in Chicago.**
[해버(v) 레이오버(v)린]
나는 시카고에서 환승한다.

☐ **How long does it take?**
[더짙]
얼마나 걸리나요?

☐ **Do I need to pick up my bag?**
[피껖]
가방을 찾아야 하나요?

☐ **Just a second.**
[저ㅅ떠]
잠시만요.

☐ **A plane takes off.**
[테임서ㅍ(f)]
비행기가 이륙한다.

☐ **I'm attending a conference.**
[아이머텐딩]
나는 컨퍼런스에 참석할 예정이다.

conversation # 공항에서 체크인하기

대화로 들어 보세요

Week 1

A　Good afternoon. Can I have your passport, please?
B　Here you go.
A　Thank you. Where are you flying with us today?
B　To Los Angeles.
A　Are you checking any bags today?
B　Yes, just one.
A　Can you put it on the scale?
　　↳ [푸리런]: t가 모음 사이에서 [ㄷ]나 [ㄹ]로 소리 납니다. (Day 8 참고)
B　Sure, uh... I have a layover in Chicago. Do I need to get my baggage there?
A　You don't need to pick up your baggage in Chicago. It will go straight to L.A.
　　↳ baggage, each처럼 [쥐], [취] 발음으로 끝나는 경우 뒤에 모음이 와도 연음하지 않습니다.
B　Okay. Thank you very much.

A: 안녕하세요. 여권 보여 주시겠어요? B: 여기요. A: 감사합니다. 오늘 어디 가시죠? B: 로스앤젤레스요. A: 오늘 부치실 수하물 있으세요? B: 네, 하나요. A: 저울에 올려놔 주시겠어요? B: 네. 그런데 제가 시카고에서 환승을 하는데요, 거기서 짐을 챙겨야 하나요? A: 시카고에서 짐을 챙기실 필요 없습니다. LA까지 바로 갈 거예요. B: 그렇군요. 감사합니다.

같은 소리는 깔끔하게 한 번만!

라익크레이지
(Like Crazy)

Day02.mp3

방탄소년단(BTS)의 전 세계적인 인기는 여전히 현재 진행형! 지민이 2023년도에 발표한 <Like Crazy>라는 곡 또한 각종 차트에서 순위를 석권하며 인기와 영향력을 과시했죠. <Like Crazy>의 공식 한글 표기는 '라이크 크레이지'이지만, 실제 발음은 [라익크레이지]로 [k] 발음이 한 번만 소리 납니다.

"영어를 소리 내어 읽으면 입이 바쁘고 숨이 차요. 제가 영어를 잘 못해서 그런 거겠죠?" 이런 분들 은근 많으시죠? 하지만 정말 영어를 못해서라면, 읽기 바빠서 숨찰 일도 없습니다. 여러분이 **영어를 읽을 때 입이 바쁘고 숨이 찬 것은 '발음'에서 중요한 부분을 놓치고 있기 때문**입니다. 이제 영어만 하면 미친 듯이(like crazy) 움직이던 입과 혀를 편하고 여유 있게 놓아줘 볼까요? ☺

마지막 자음과 시작 자음이 같은 '소리'(철자 아님)일 때

앞 단어의 끝소리와 뒤 단어의 첫소리가 같은 자음인 경우, 한 번만 발음합니다. 하지만 이때, 소리 하나가 완전히 사라지는 것은 아닙니다. 발음은 한 번만 하지만 먼저 '시동'을 걸어 주는 단계가 필요합니다.

like crazy를 다시 예로 들어 보겠습니다. like crazy를 발음할 때는 lie crazy를 발음할 때와는 달라야 합니다. [ㅋ] 소리는 한 번만 나지만, 앞 단어에서 먼저 [ㅋ]를 내뱉기 위한 준비 동작은 해 줘야 하거든요. 그래서 [라이]가 아니라 [라익]으로 발음됩니다.

중복되는 발음이 [s], [z]처럼 길게 소리 나는 경우 또한 소리가 하나만 있을 때보다 조금 더 길게 발음해 주세요. 소리는 한 번만 나지만 역시나 먼저 시동을 걸어 준다고 생각하시면 되겠습니다. ☺

| 예외 | each의 끝소리 [취], orange의 끝소리 [쥐]
 (orange juice: [오린주ㅅ] (X) [오린지 주ㅅ] (O))

phrase

다음 짧은 구를 연습해 보세요

- **what time [웟타임]**
  언제, 몇 시

- **went to [웬투]**
  ~에 갔다

- **hot today [핟투데이]**
  (It's와 함께 써서) 오늘 덥다

- **next to [넥ㅅ투]**
  ~ 옆에

- **red table [렏테이블]**
  빨간색 탁자
  ↳ [d]와 [t]는 소리 나는 위치와 발음하는 방식이 같기 때문에, 만나면 하나의 소리처럼 발음됩니다.

- **some men [섬멘]**
  어떤 남자들

- **cheap place [췹플레이ㅅ]**
  저렴한 곳

Week 1

- [ ] **take care [테잌케어r]**
    돌보다, 처리하다, 몸조심하다(인사말)

- [ ] **less space [레ㅅ-ㅅ뻬이ㅅ]**
    더 적은 공간

- [ ] **warm meal [워r엄밀]**
    따뜻한 식사

- [ ] **with them [윋뎀(th)]**
    그들과 함께

- [ ] **cancel lunch [캔슬런취]**
    점심을 취소하다

- [ ] **It's slow. [읻ㅅ-로우]**
    느리다
    ↳ It's는 [이ㅊ]처럼 들리지만 실제로는 [t]와 [s] 발음이 빠르게 만나면서 들리는 소리입니다. 따라서 뒤에 [s] 발음이 오면 연음이 가능한데요, 이때 [s]를 더 길게 발음하기 때문에 It's low.와는 구별됩니다.

027

 **sentence** 다음 문장을 연습해 보세요

- [ ] What time does breakfast end?
  [웥타임]
  아침 식사가 몇 시까지인가요?

- [ ] My room is next to the elevator.
  [넥ㅅ투]
  제 방은 엘리베이터 옆이에요.

- [ ] The Internet keeps stopping.
  [킾ㅅ-따핑]
  인터넷이 자꾸 끊겨요.

- [ ] I'll send someone to take care of it right away.
  [테잌케어r]
  지금 바로 사람을 보내서 손보도록 하겠습니다.

- [ ] I'd like it to have a hard floor, not a carpet.
  [잍투]
  카펫이 안 깔린 방이었으면 좋겠어요.

Week 1

- There isn't enough food for a vegan like me.
  [이너푸(f)ㄷ]
  저 같은 채식주의자가 먹을 수 있는 음식은 많지가 않네요.

- The couple next door kept talking all night.
  [켑터킹]
  옆방 커플이 밤새 떠들더라고요.

- The air conditioner isn't turning on.
  [이즌터r닝]
  에어컨이 안 켜져요.

- I asked for rooms close together.
  [포(f)룸ㅈ]
  두 방이 가까웠으면 좋겠다고 요청했어요.

- I found dirty socks in my room.
  [파(f)운더r디]
  방에서 더러운 양말을 발견했어요.
  ↳ t가 r과 모음 사이에 있으면 [ㄷ]나 [ㄹ]에 가까운 소리가 납니다. (Day 8 참고)

conversation # 호텔에 불만사항 전달하기   대화로 들어 보세요

A   Hello. I'm in room 810 (eight ten).

B   Good day, sir. How can I help you?

A   I couldn't sleep last night because the people next door kept talking loudly all night. Not only that, but the sound of the elevator moving is also annoying me.

B   I'm sorry to hear that. I can see that your room is right next to the elevator. Let me check if I can move you to another room.

A   I'm also having some trouble with the Wi-Fi connection. It's slow and keeps stopping.

B   I apologize for the inconvenience. I'll make sure our IT team fixes it as soon as possible.

A   That's great. Thank you.

A: 안녕하세요. 여기 810호인데요. B: 안녕하세요, 고객님. 무엇을 도와드릴까요? A: 어젯밤에 옆방 사람들이 밤새 크게 떠들어서 잠을 잘 수가 없었어요. 그것뿐만 아니라, 엘리베이터 움직이는 소리도 굉장히 거슬리네요. B: 죄송합니다. 방이 엘리베이터 바로 옆이시네요. 다른 방으로 옮겨 드릴 수 있는지 확인해 드릴게요. A: 그리고 와이파이도 잘 안 터지거든요. 느리고 계속 끊겨요. B: 불편을 드려 죄송합니다. 기술팀에 문의해서 신속히 고칠 수 있도록 조치하겠습니다. A: 그렇게 해 주시면 좋겠습니다. 감사합니다.

DAY 03

'된소리 규칙' 간단하게 이해하기

아이씨 뎃-피쁠
(I see dead people.)

Day03.mp3

Week 1

최고의 반전을 '식스센스급 반전!'이라고 표현할 정도로 영화 <식스센스(The Sixth Sense)>는 반전 영화의 대명사, 반전 영화의 교과서로 통합니다. 그리고 극 중에서 어린 주인공이 자신의 비밀을 털어놓는 "I see dead people.(난 죽은 사람들이 보여요)"이라는 대사는 영화사에 길이 남을 기념비적인 대사가 되었죠.

그런데 여기서 people의 발음을 한번 볼까요? **people은 [피플]이 아니라 [피쁠]에 가깝게 소리 납니다.** 첫 번째 [p]가 우리말 피읖(ㅍ)처럼 소리 난다면, 두 번째 [p]는 우리말의 쌍비읍(ㅃ)처럼 소리 나죠. 이 쌍비읍 비슷한 발음을 보통 **영어 된소리 규칙**이라고 다룹니다. 그런데 워~, 그 규칙은 파고들면 들수록 굉~장히 복잡합니다. **잊어버리세요.** 왜냐고요? 식스센스급 반전에 버금가는 이유를 지금 설명드립니다.

된소리로 소리 나지 '않는' 경우를 알아 두세요

영어에는 소위 '침 튀기게 발음해야 하는 소리'들이 있습니다. 바로 [p], [t], [k] 소리입니다. 그런데 그 '침을 튀기는 정도', 즉 '입에서 나오는 공기의 정도'는 그 소리가 처한 환경에 따라 많이 달라집니다. 예를 들어,

> p̲ie > sup̲er > sp̲y (등호는 바람의 세기)

이 중 pie 할 때 [p]에 바람이 가장 많이 들어가 **[파이]**로 발음되고, spy의 [p]에는 바람이 가장 적게 들어가 **[ㅅ빠이]**로 발음됩니다. super는 그 중간으로 [수퍼r], [수뻐r] 모두 가능합니다. 중요한 점은 [수퍼r]처럼 발음하더라도 pie처럼 공기를 토해내지는 않는다는 것이죠.

시중에 '된소리 규칙'이라고 정리된 규칙들의 문제는 바로 이 중간 발음까지 모두 '된소리'로 정의하고 있기 때문에 규칙이 점.점.점! 복잡해진다는 데 있습니다. 영어에는 된소리가 없는데 한국말의 된소리에 끼워 맞추려다 보니 생기는 문제예요.

초점을 달리해야 합니다. '언제 된소리가 되느냐'가 아니라 **언제 pie처럼 공기를 터뜨려 발음해야 하느냐**에 초점을 두는 거죠. 그걸 제외한 **나머지 환경에서는 공기를 조금만 내보낸다고 기억하세요.**

- 단어의 첫소리일 때

    please [플리즈]   **t**ime [타임]   **k**ind [카인드]

- 강세를 받는 모음의 시작 소리일 때

    be**c**ause [비커즈]   su**pp**ose [서포우즈]   a**tt**ack [어태크]

- 예외: sp / sk / sc / st + 모음

    s**p**eak [ㅅ뻬-ㅋ]   s**k**ate [ㅅ께이트]   s**t**ay [ㅅ떼이]

phrase

다음 짧은 구를 연습해 보세요

Week 1

표기는 된소리로 했지만, '공기를 많이 내보내지 않는 소리'라는 의미입니다. 옆 발음과 비교해서 살펴보세요.

- ☐ **mistake [미ㅅ떼이ㅋ]** vs. **take [테이ㅋ]**
  실수 　　　　　　　　　　　　　가지고 가다, 취하다

- ☐ **excuse [익ㅅ뀨ㅈ]** vs. **curious [큐뤼어ㅅ]**
  실례하다 　　　　　　　　　　　궁금한

- ☐ **recommend [레꺼멘ㄷ]** vs. **command [커맨ㄷ]**
  추천하다 　　　　　　　　　　　명령하다

- ☐ **looking [룩낑]** vs. **king [킹]**
  ~으로 보이는 　　　　　　　　　왕

- ☐ **extra [엑ㅅ뜨라]** vs. **try [트라이]**
  여분의 　　　　　　　　　　　　시도하다

- ☐ **book a table [부꺼 테이블]** vs. **cook dinner [쿡 디너r]**
  좌석을 예약하다 　　　　　　　　저녁 식사를 준비하다

- ☐ **make it [메이낕]** vs. **okay [오우케이]**
  시간 맞춰 가다 　　　　　　　　네, 응, 좋아

033

sentence

다음 문장을 연습해 보세요

- ☐ **What do you re**c**ommend?**
  [레꺼멘ㄷ]
  어떤 걸 추천하시나요?

- ☐ **Can I get an extra plate?**
  [엑ㅅ뜨라]
  접시 하나 여분으로 주시겠어요?

- ☐ **I'm afraid there's a mistake on the bill.**
  [미ㅅ떼이ㅋ]
  계산서가 잘못된 것 같은데요.

- ☐ **I ordered shrimp, not chicken.**
  [취낀]
  전 닭고기가 아니라 새우를 시켰어요.

- ☐ **Would you like a table for two?**
  [라이꺼]
  두 분 자리로 안내드릴까요?

Week 1

- [ ] Can I **start** you off with some drinks?
  [ㅅ따r츄]
  음료 먼저 준비해 드릴까요?
  ↳ t와 you가 만나면 [츄] 소리를 냅니다. (Day 6 참고)

- [ ] I'll have a **sparkling** water.
  [ㅅ빠r끌링]
  탄산수로 할게요.

- [ ] How many peo**ple** are there in your party?
  [피쁠]
  일행이 몇 분이세요? * party 일행, 무리

- [ ] **Excuse** me. Could I please get the check?
  [익ㅅ큐ㅈ]
  여기 계산서 좀 주시겠어요?

- [ ] Together or se**pa**rately?
  [세뻐릿리]
  같이 계산하시겠어요, 따로 계산하시겠어요?

conversation # 식당 전화 예약

대화로 들어 보세요

A Hi. I'd like to ma**ke a** reservation, please.
B Sure thing. What date and time are you loo**king** for?
A Tomorrow at 6:00.
B Sorry, but the earlies**t o**pening we have is at 7:00. Is that accep**ta**ble?
A Okay. Then let's ma**ke it** 7:00.
B How many peo**ple**?
A Four.
B Okay. Can I have your name?
A My name is Kim Kildong. Oh, do you ha**ppen** to have high chairs for babies?
B Yes, we do have high chairs. How many do you need?
A Only one.
B Great. I have boo**ked a** table for 4 at 7:00 p.m. tomorrow.
A Thanks so much.

A: 안녕하세요. 예약을 하고 싶은데요. B: 네. 언제로 해 드릴까요? A: 내일 6시요. B: 죄송하지만 가능한 가장 빠른 시간이 7시예요. 괜찮으실까요? A: 네. 그럼 7시로 할게요. B: 몇 분이세요? A: 4명이요. B: 알겠습니다. 성함을 불러 주시겠어요? A: 김길동입니다. 아, 혹시 아기 의자 있을까요? B: 네. 아기 의자 있습니다. 몇 개 필요하세요? A: 하나면 돼요. B: 네. 내일 저녁 7시 네 분으로 예약해 드렸습니다. A: 감사합니다.

DAY 04

[h] 생략하고 영어 리듬 챙기기

워지 슬로우?
(Was he slow?)

Day04.mp3

Week 1

2017년 개봉했던 영화 <베이비 드라이버(Baby Driver)>에는 청력 이상으로 늘 음악을 들어야 하는 남자가 등장합니다. 이명을 가라앉히기 위해 주변의 소리를 모아서 음악을 만드는데요, 영화의 또 한 명의 주인공인 케빈 스페이시의 대사 "Was he slow?(애가 눈하더냐?)"를 리믹스해 음악을 만드는 장면이 꽤나 유명합니다.

그런데 여기서 만일 [워ㅈ히. 슬로우]라고 he를 강조해 발음했다면 지금과 같은 funky한 느낌으로 곡이 완성될 수 있었을지 의문인데요, 왜냐하면 이 음악 속 Was he slow는 slow에 방점이 찍히면서 Was he는 [워지]라고 가볍게 발음이 되고 있거든요.

he, his, him, her 등이 문장 중간에 등장할 때

대명사 he, his, him, her 등이 문장 중간에 등장하고 특별히 강조될 필요성이 없는 경우, 즉 **문장에서 '중요한 의미'를 전달하는 상황이 아닌 경우는 앞 h 소리는 생략이 가능합니다.**

① Jack is **his** brother, not mine.
   잭은 내 남동생이 아니라, 걔 남동생이야.

여기서는 his가 중요한 역할을 하기 때문에 h를 발음하지만,

② A: Who's Jack? 잭이 누구야?

B: Jack is **his** brother. 잭은 걔 남동생이야.

위 문장에서 A와 B 모두 his가 누구인지 알고 있는 상황이라면, his가 들리지 않아도 문맥상 서로 이해하기 때문에 h 발음을 생략하고 **[재키지ㅈ ㅂ러더(th)r]** 이라고 발음할 수 있습니다.

phrase

다음 짧은 구를 연습해 보세요

Week 1

- **Does he [더지]**
  그가 ~하나요?

- **Is he [이지]**
  그가 ~인가요?

- **Has he [해지]**
  그가 ~했나요?

- **If he [이피(f)]**
  만일 그가 ~다면

- **Can he [캐니]**
  그는 ~할 수 있나요?

- **If her cold [이퍼(f)r 코울드]**
  만일 그녀의 감기가 ~

- **tell him [텔림]**
  그에게 말하다

- told him **[토울딤]**
  그에게 말했다

- lose her **[루저r]**
  그녀를 잃다 (* loser와 발음이 같습니다)

- give her **[기버r]**
  그녀에게 주다 (* giver와 발음이 같습니다)

- found him **[파(f)운딤]**
  그를 찾았다

- pick her up **[피꺼r엎]**
  그녀를 들어올리다, 그녀를 차에 태우다

sentence

다음 문장을 연습해 보세요

Week 1

☐ Where is he?
[이지]
그는 어디 있나요?

☐ Does he have a fever?
[더지]
그는 열이 나나요?

☐ Does he have a runny nose?
[더지]
그는 콧물이 나나요?

☐ I'm going to press his stomach to see where it hurts.
[프레시ㅈ]
어디가 아픈지 보기 위해 그의 배를 눌러 보겠습니다.

☐ I gave him medicine this morning.
[게이빔(v)]
오늘 아침에 그에게 약을 먹였어요.

- **If he doesn't feel better, come back in a week.**
  [이피(f)]
  그의 상태가 호전되지 않으면 일주일 후에 다시 오세요.

- **How long has he been dealing with this?**
  [해지]
  그는 이런 증상이 얼마나 오래 됐나요?

- **Those painkillers just made him worse.**
  [메이딤]
  그 진통제들 때문에 그가 더 안 좋아졌어요.

- **What can he eat?**
  [캐니]
  그는 뭘 먹을 수 있나요?

- **I took her to the ER (emergency room).**
  [투꺼r]
  나는 그녀를 응급실에 데리고 갔습니다.

conversation # 병원 방문

대화로 들어 보세요

A   What brings you here today?

B   My little son has a fever and diarrhea and is vomiting.

A   How long ha**s** **he** been dealing with this?

B   Since Monday.

A   Doe**s** **he** have any pain?

B   Yes, he complains of abdominal pain, especially at night.

A   Ha**s** **he** changed **his** diet recently?

B   We're traveling here, so he's tried lots of new foods. In addition, he might have drunk tap water, which could be the problem.

A   Okay. It sounds like he might have picked up a virus from food or water. Hel**p** **him** drink plenty of water, and **if** **he** feels hungry, gi**ve** **him** some small and light meals. You should also avoid givi**ng** **him** junk food.

B   Okay. Thank you.

A: 오늘 어디가 불편해서 오셨어요? B: 저희 아들이 열이 나고 설사랑 구토를 해요. A: 언제부터 이런 증상이 있었죠? B: 월요일부터요. A: 아파하나요? B: 네, 배가 아프다고 하는데, 특히 밤에 그래요. A: 최근 식습관에 변화가 있었나요? B: 지금 저희가 여행중이라 새로 먹어 본 음식이 많아요. 게다가 수돗물을 마셨을 수도 있는데, 그게 문제일 수도 있을 것 같아요. A: 알겠습니다. 음식이나 물에서 바이러스가 옮긴 것 같네요. 물을 많이 마시게 해 주시고, 배고파하면 가벼운 음식으로 주세요. 군것질은 피하는 게 좋아요. B: 네, 감사합니다.

입 밖으로 소리 내지 않는 stop 현상

하잎 보이
(Hype Boy)

Day05.mp3

2022년을 뜨겁게 달궜던 뉴진스의 <Hype Boy> 기억하시죠? 이걸 [하이프 보이]라고 부르는 사람은 못 본 것 같은데요, 그렇다면 여기서의 [p] 발음은 어떻게 된 걸까요? 사라진 것은 아닙니다. 완전히 사라졌다면 [하잎 보이]가 아니라 [하이 보이]가 되었을 테니까요.

[p]를 발음하기 위해 공기는 모으고 입술은 닫은 상태에서 **[ㅍ] 하고 내뱉지만 않은 상태**. 그 상태를 '멈췄다'라고 해서 **'stop'**이라고 부릅니다.

파열음(p, t, k, b, d, g)으로 끝남 (+ 자음으로 시작)

'터지는 소리', 즉 공기가 입 밖으로 '파' 하고 터지면서 나는 소리들을 어려운 말로 '파열음'이라고 부릅니다.

[ㅍ(p), ㅌ(t), ㅋ(k), ㅂ(b), ㄷ(d), ㄱ(g)]가 거기에 해당합니다. **1) 단어가 이 소리들로 끝나거나, 2) 앞 단어가 이 소리로 끝나고 다음 소리가 자음으로 시작**하면 이 소리들은 대개 끝까지 소리가 나지 않고 **우리말의 받침처럼 끝나 버립니다.**

(1)의 경우 특별히 [t]에서 두드러집니다)

㉠ **back seat** 뒷자석: [**배ㅋ** 시ㅌ] → [**백** 시ㅌ / **백** 싣]

phrase

다음 짧은 구를 연습해 보세요

Week 1

- **red carpet [렡 카r핕/핕]**
  빨간색 카펫

- **big city [빅 시디]**
  큰 도시
  ↳ city의 t가 [ㄷ]나 [ㄹ]로 소리 나는 이유는 Day 8에서 다룹니다.

- **let me [렡미]**
  ~하게 해 달라

- **bit far [빝 파(f)r]**
  약간 먼

- **not within [낱 위딘(th)]**
  ~안에 있지 않은
  ↳ [w]는 자음 소리임을 주의하세요.

- **help me [헬(ㅍ) 미 / 헲 미]**
  나를 도와주다
  ↳ [헬]과 [미] 사이에 반드시 입안에 공기를 모아서 [p]를 발음하려는 움직임이 있어야 합니다.

- **come back to [컴백투]**
  ~로 돌아오다

- **walk down [웤 다운]**
  (길을) 따라서 걷다

- **public transportation [퍼블릭 트랜ㅅ뽀r테이션]**
  대중교통
  ↳ tr, dr의 t, d는 [츄], [쥬]로 소리 나기도 합니다.

- **would be difficult [욷비 디피(f)컬ㅌ]**
  어려울 것이다

- **about one kilometer [어바울 원 킬라미러r]**
  1킬로미터 정도

- **crossed the road [크러슫 더(th) 로우ㄷ]**
  길을 건넜다

- **take pictures [테잌 픽쳐rㅈ]**
  사진을 찍다

- **go up the stairs [고우엎더(th) ㅅ떼어rㅈ]**
  계단을 오르다

 **sentence** 다음 문장을 연습해 보세요 Week 1

- **I think I got lost.**
  [갈 러ㅅㅌ]
  제가 길을 잃은 것 같아요.

- **It's not far from here.**
  [낱 파(f)r]
  여기서 멀지 않아요.

- **It's opposite the museum.**
  [아퍼짙 더(th)]
  박물관 건너편에 있어요.

- **Walk down this street.**
  [웤 다운]
  이 길을 쭉 따라 걸으세요.

- **Take the first right.**
  [테잌 더(th)] [퍼(f)r슽 롸잍]
  첫 번째 골목(모퉁이)에서 우회전하세요.

☐ **Let me write this down.**
[렡미 롸잍 디(th)ㅅ]
좀 받아 적을게요.

☐ **I'll take the train instead.**
[테잌 더(th)]
대신 기차 탈래요.

☐ **Is this the right platform for Brooklyn?**
[롸잍 플랱포(f)r옴]
여기가 브루클린으로 가는 승강장이 맞나요?

☐ **The cab driver will take you there.**
[캡 드라이버(v)r]
택시 기사님이 거기로 태워 주실 거예요.

☐ **When is the last bus?**
[래-ㅅ옽]
마지막 버스가 언제인가요?
  ↳ [ㅅ옽]소리는 주로 아이 혼낼 때 내는 방울뱀 소리처럼 [ㅅ]소리에 받침만 붙다 생각하고 발음해주세요.

conversation # 길 찾기

대화로 들어 보세요

A Excuse me. I'm looking for Botanic Garden Station. Can you **help me**?

B Yes, of course. But… uh… it's a **bit far** from here.

A Is it **not with**in walking distance?

B For me, yes. But since you're unfamiliar with the area, it **would be** difficult to navi**gate there**.

A How long do you think it will take?

B A**bout** 30 minutes. But it's **not the** time **that m**atters. It's the complexity of the path. You'd better take a cab.

A Okay. Then where's the **cab stand**?

B Go straight ahead, cross the road, and go **past the big ho**tel over there. Then, you'll see the **cab stand**.

A Thank you very much.

B **Glad to** help.

A: 안녕하세요. 보타닉 가든 역을 찾고 있는데요. 도와주실 수 있으세요? B: 그럼요. 어, 그런데 여기서 좀 멀어요. A: 걸어갈 수 없는 거리인가요? B: 저는 걸어갈 수 있는데요, 여기 지리에 익숙하지 않으시다면 거기까지 찾아가기 힘드실 거예요. A: 얼마나 걸릴까요? B: 30분 정도요. 그런데 시간이 문제가 아니라 길이 복잡해요. 택시 타는 게 나으실 거예요. A: 알겠어요. 그럼 택시 승강장은 어디 있나요? B: 직진해서 길을 건너신 다음 저기 큰 호텔을 지나면 택시 승강장이 보일 거예요. A: 감사합니다. B: 도움이 되어서 다행이네요.

DAY 06

[t + you], [d + you] 부드럽게 발음하기

푸쳐 핸접!
(Put your hands up!)

Day06.mp3

공연장을 순식간에 열광의 도가니로 빠져들게 하는 마법의 주문이 있죠? 바로 "Put your hands up![푸쳐 핸접!]"인데요, 그동안 put your가 왜 [푸쳐]가 되는지 이유도 모르고 따라하지는 않으셨나요?

Would you like[우쥬 라익] ~?으로 시작하는 문장을 들어 보셨다면 오늘 규칙이 낯설게 느껴지지는 않으실 거예요. 이번 기회를 통해 정확히 '언제', '왜', 그리고 '어떻게' 발음되는지 이해하고, 입에도 붙여 가시길 바랄게요.

t, d 소리로 끝남 + you (your, yourself 포함)

Would you[우쥬], Could you[쿠쥬] 외에도, I told you.(내가 말했잖아)라는 문장에서의 told you도 d와 y가 만나 [톨드유]가 아니라, [톨쥬]로 발음합니다. 어때요? 두 발음을 비교해 보면, **변형된 발음이 훨씬 매끄럽게 발음되죠?**

흔히 [t]나 [d] 소리가 [y] 소리와 만나면 [ᄎ](chair의 첫소리), [ᄌ](massage의 끝소리) 소리가 된다고 알고 있지만, 사실 이는 100% 맞는 말은 아닙니다. 왜냐하면, bright yellow도 [t]와 [y]가 만나지만 이를 [브라이 첼로우]라고 읽는 사례는 없기 때문입니다.

이 규칙은 어느 정도 사례가 한정되어 있습니다. **가장 흔한 예는 t, d 소리로 끝나는 단어 뒤에 you가 따라올 때입니다.** 왜일까요? you는 대개 '많은 의미가 포함되지 않은' '형식적인' 단어이기 때문이죠. **연음, 변형** 등은 상대방이 그 단어를 깔끔하게 듣지 못해도 이해에 큰 영향을 주지 않을 때 주로 일어납니다. 그러니까 **자주 쓰는 말, 흔히 붙어 쓰는 말**에서 자주 들을 수 있겠죠?

다르게 말하면, you를 제외한 다른 y로 시작하는 단어에서 일어나는 현상은 굳이 노력해서 살펴볼 필요가 없습니다. 또한 you와 붙어서 발음되더라도 앞의 예처럼 고정된 말이 아닐 경우는 개인의 습관에 따라 다르게 발음될 수 있습니다.

㉠ get you: [게츄] / [겥 유]

phrase

다음 짧은 구를 연습해 보세요

- **Could you [쿠쥬]**
  ~할 수 있으신가요?

- **Would you [우쥬]**
  ~하시겠어요?

- **Did you [디쥬]**
  ~했나요?

- **Don't you [돈츄]**
  ~하지 않나요?

- **what you do [워츄 두]**
  네가 하는 것

- **fit you well [피(f)츄 웰]**
  너에게 잘 맞는다

- **suit you well [수츄 웰]**
  너에게 잘 어울린다

Week 1

- [ ] **need your help [니-쥬어r 헬ㅍ]**
너의 도움이 필요하다

- [ ] **called you [컬쥬]**
너에게 전화했다, 너를 불렀다

- [ ] **made you happy [메이쥬 해삐]**
너를 행복하게 했다

- [ ] **Can't you [캔츄]**
~할 수 없나요?

- [ ] **around you [어롸운쥬]**
네 주변에

- [ ] **left you a message [레ㅍ(f)츄 어 메시쥐]**
너에게 메시지를 남겼다

- [ ] **find you something [파(f)인쥬 썸씽(th)]**
너에게 뭔가를 찾아 주다

053

sentence　　　　　　　　　　　　　　　다음 문장을 연습해 보세요

☐ **Could you** tell me where I can buy some souvenirs?
[쿠쥬]
기념품 파는 곳이 어딘지 알려 주시겠어요?

☐ Is there anything I can **assist you** with?
[어시ㅅ츄]
도와드릴 것 있을까요? * assist with ~을 돕다

☐ I **need your** help finding this item.
[니-쥬어r]
이것 찾는 것 좀 도와주세요.

☐ **Would you** like to try it on?
[우쥬]
착용해 보시겠어요?

☐ That's **what you** asked for.
[워츄]
그게 손님께서 요청하신 거예요.

□ **Could you** wrap it for me?
[쿠쥬]
그것 좀 포장해 주시겠어요?

□ **Did you** have a specific color in mind?
[디쥬]
미리 생각해 놓으신 색깔이 있으세요?

□ **Would you** like a bag?
[우쥬]
가방에 담아 드릴까요?

□ **Have you got your** receipt?
[가츄어r]
영수증 가지고 계세요?

□ **We can refund your** money.
[리펀(f)쥬어r]
환불 가능합니다.

conversation # 환불하기

대화로 들어 보세요

A I bought this jacket yesterday, and I would like a refund.

B What problem **did you** have with it?

A Well, it doesn't fit.

B **Would you** like to exchange it for another size?

A No, I would just like a refund, please.

B Okay. Have you **got your** receipt?

A Well, that's the thing. I think I've lost it.

B In any case, we **need your** receipt.

A But I can show you my credit card statement.

B Okay. Since you have your credit card transaction history, we can **refund your** money.

A Great.

A: 어제 이 재킷을 샀는데 환불하고 싶어요. B: 무슨 문제라도 있으세요? A: 사이즈가 안 맞아요. B: 다른 사이즈로 교환해 드릴까요? A: 아뇨, 그냥 환불할게요. B: 알겠습니다. 영수증은 가지고 오셨나요? A: 저기, 그게 문제인데요. 잃어버린 것 같아요. B: 영수증이 꼭 있어야 해요. A: 대신 신용카드 거래 내역서를 보여 드릴 수 있어요. B: 네, 신용카드 거래 내역이 확인돼서 환불 가능합니다. A: 잘됐네요.

* in any case 어쨌든, 아무튼, 좌우지간

테일러 스위프트 수상 소감
(Acceptance Speech)

Week 1

다음은 가수 테일러 스위프트의 그래미 수상 소감입니다. 실제 상황에서 연음이 어떻게 적용되고 있는지 확인해 보세요.

For me, the ***award is** the work. All I want to do is keep being able to do this. I **love it**[러빝(v)] so much. **It**[잍] makes me so **happy**[해삐]. **It**[잍] makes me unbelievably blown away that **it**[잍] makes some **people**[피쁠] **happy**[해삐] who voted for **this award, too**[디(th)서워r투]. All I want to do is **keep doing**[킾두잉] this. So thank you so much for giving me the opportunity to do what I love so much. Mind-blown. Thank you so much.

저에게, 상은 바로 작품이에요. 이 일을 계속 할 수 있기를 바랍니다. 제가 너무 사랑하는 일이고, 저를 매우 행복하게 해 주는 일이에요. 이 상에 투표하신 분들에게도 기쁨을 줬을 거라 생각하니 마음이 벅찹니다. 정말 이 일을 계속하길 원해요. 좋아하는 일을 할 수 있는 기회를 주셔서 너무나 감사합니다. 생각지도 못했어요. 정말 감사합니다.

* be blown away 매우 놀라다, 감동받다
* mind-blown (머리가 폭발해 버릴 것처럼) 놀라운
　↳ 실제로 테일러 스위프트는 이 말을 하면서 머리가 폭발하는 제스처를 취합니다.

발음 포인트

* award IS [어워rㄷ 이지]

본래 빨리 발음하면 앞서 배운 대로 [어워r디지]처럼 발음되지만, 위에서는 **is를 강조해서 발음**하고 있기 때문에 연음하지 않습니다.

> 한 주간 고생하셨습니다!

재미로 읽는 문화 Tip

해외여행 Tip을 위한 Tip!

해외여행을 하다 보면 우리나라에 없는 '팁(tip) 문화' 때문에 곤혹스러울 때가 많습니다. 이를 대비해 어느 나라 여행시, 어떤 경우에, 얼마만큼 팁을 줘야 하는지 알아보겠습니다.

1) 유럽: 의무적이지 않음
유럽은 가격에 이미 봉사료(service charge)가 붙어 있는 경우가 많습니다. 프랑스, 네덜란드, 스페인, 체코, 헝가리 등이 이에 해당하는데, 이런 국가들에서는 팁을 굳이 주지 않아도 괜찮습니다. 영국이나 독일에서는 5~10% 정도의 팁을 남기는 것이 일반적이지만, 이 또한 의무는 아닙니다.
여기서 Tip: 금액을 지불할 때 'round up'을 해서 낼 수도 있습니다. round up은 '(숫자를) 올림 처리하다'라는 뜻인데요, 예를 들어 57유로가 나왔다면 60유로로 맞춰서 주는 거죠. round up은 어느 나라에서나 흔히 '감사의 표시'로 통용됩니다.

2) 북남미 대륙: 관례적, 15~20%
미국과 캐나다 등 북미 지역의 경우 식당이나 택시 이용 시 15~20%의 어마어마한(?) 팁을 주는 것이 관례입니다. 남미 국가인 아르헨티나, 멕시코, 페루 또한 팁 문화가 있지만, 금액은 살짝 줄어들어 대략 10~15%가 적당하다고 합니다. 반면 브라질, 칠레, 코스타리카 등의 국가에서는 이미 봉사료(service charge)가 붙기 때문에 별도로 팁을 지불할 필요가 없습니다.

3) 중동, 아프리카: 관례적, 금액은 나라에 따라 상이

경제 사정이 좋은 카타르, 사우디 아라비아, 아랍 에미리트(UAE) 등의 경우 북미와 똑같이 15~20%의 팁을 요구합니다. 심지어 두바이의 경우 이미 봉사료(service charge)가 10%나 붙어 있는데도 불구하고 추가로 팁을 받는다고 하네요.

나머지 아프리카 국가에서도 10~15%의 팁을 관례적으로 남기는데, 일부 관광지의 유명 식당의 경우 미리 봉사료(service charge)가 포함되어 있는 곳들이 있다고 하니 중복 청구(double charge)가 되지 않도록 주의해서 살펴보시기 바랍니다.

4) 아시아 지역: 팁 문화 없음

우리나라를 비롯한 대부분의 아시아 지역은 팁 문화가 별도로 없습니다. 하지만 워낙 관광이 성행하다 보니 동남아 관광 지역 등에서는 팁을 '마다하지' 않는 문화가 번져 가고 있다고 합니다. 하지만 '의무 사항'이나 '관례'는 아니기 때문에 팁을 남기지 않았다고 찜찜해하실 필요는 없습니다.

결론 Tip : ROUND UP!

'줘야 할지 말아야 할지 헷갈린다?' 싶으면 금액을 칼같이 깎지 말고, 조금만 더 보태서 깔끔한 숫자에 맞춰 보세요. 여행이 편해집니다. 😊

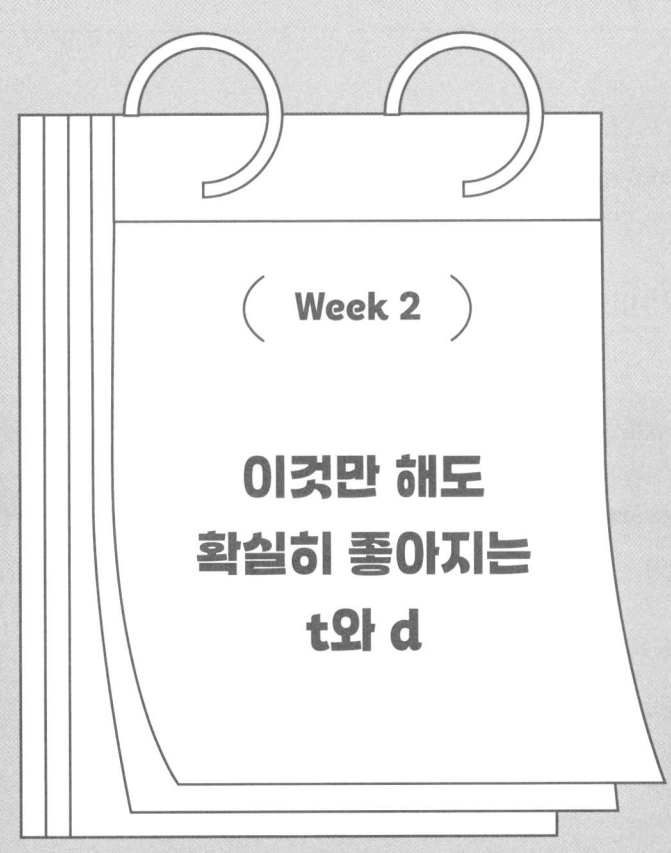

부드러운 버전의 flap t 배워 보기

렛츠 기맅!
(Let's get it!)

Day08.mp3

왠지 들으면 폭풍 랩을 쏟아내야 할 것 같은 '주문'같은 문구인 **Let's get it!**은 '이제 신나게 놀아 볼까?', '시작해 볼까?', '가 보자!'라는 뜻을 담고 있습니다.

[겥]이 [깉]이 된 이유는 '힙합스러움 뿜뿜'이라면, [게틑]이 아니라 [게맅]이 된 이유는 뭘까요?

오늘부터 여러분께서는 여러분의 발음을 한껏 '빠다스럽게' 만들어 줄 발음 비결들을 배우게 되실 겁니다. 다짜고짜 r 발음만 굴린다고 원어민처럼 되지 않는다는 것, 아시죠? 진짜 미국식 영어의 진수! 여러분의 발음을 훨씬 원어민에 가깝게 만들어 줄 바로 그 발음의 비결 속으로, Let's get it!

<모음 + t + 모음>(모음 사이), <r + t + 모음>(r과 모음 사이)

[t]가 모음과 모음 사이에 위치하거나: **about it** (그것에 관하여)
[t]가 [r]과 모음 사이에 위치할 때: **smart enough** (충분히 똑똑한)

첫날(Day 1) 배운 규칙에 따르면 [t]가 모음 앞에 있기 때문에 뒤 모음에 그대로 연결해서 [어바우틷], [스마r티너프(f)]처럼 발음해야 하지만, 북미권 원어민들은 이런 상황에서 [t]를 발음하는 것을 어려워합니다. 모음이나 [r]과 같은 부드러운 소리 중간에, 침 튀기는 강한 소리를 내는 게 영 익숙지 않은 거죠. 그래서 소리가 변형되는데요, 그 소리는 우리말에서 단어 중간에 들어가는 [ㄹ]과 가까운 소리입니다.

'리'에 주목하면서 '닐리리야'를 한번 발음해 보시겠어요? 첫 번째 '리'와 두 번째 '리'의 다름이 느껴지시나요? 첫 번째 '리'는 혀가 입천장에 딱 붙었다가 떨어지는데요, 두 번째 '리'는 혀가 입천장을 가볍고 빠르게 '탁' 치고 내려오죠? 바로 이 두 번째 '리'가 우리가 오늘 연습할 [t] 소리 원리와 같습니다. 이 발음을 'flap t'라고 부르는데요, flap은 '날개를 퍼덕거리다'라는 뜻이에요. 즉, 날개를 퍼덕이듯 혀로 툭 치고 내려오는 t라는 뜻이죠.

정확한 'flap t' 소리는 앞뒤에 어떤 소리가 연결되느냐에 따라 우리말의 [리] 소리에 가깝기도 하고, [ㄷ]에 가깝게 들리기도 합니다. 연습을 하다 보면 감이 올 거예요. 😊

phrase

다음 짧은 구를 연습해 보세요

- [ ] **but I [버라이]**
  하지만 내가

- [ ] **It is [이리ㅈ]**
  그것은 ~이다

- [ ] **not at all [나래럴]**
  조금도 ~하지 않다

- [ ] **get it [게맅]**
  그것을 가지다, 이해하다

- [ ] **great idea [ㄱ뤠이라이디어]**
  좋은 생각

- [ ] **sort of [소r더브(v)]**
  약간

- [ ] **What are you [워라r유]**
  너는 무엇을 ~하니?

Week 2

- **What about [워러바울]**
  ~은 어때?

- **about it [어바우릳]**
  그것에 관해

- **meet up [미럾]**
  (약속을 잡고) 만나다

- **a lot of [얼라-러ㅂ(v)]**
  많은

- **get out of [게라우러ㅂ(v)]**
  ~에서 나오다

- **how to do [하우루두]**
  어떻게 할지

- **without a doubt [위다(th)우러 다욷]**
  의심할 여지없이

 **sentence**

- **What about you?**
  [워러바울]
  당신은 어때요?

- **I hope I get a good grade.**
  [게러]
  좋은 성적을 받으면 좋겠어요.

- **I get it.**
  [게맅]
  이해해요.

- **It's not a big deal.**
  [나러]
  별거 아니에요.

- **What else?**
  [워렐스]
  다른 건 뭐가 있나요?

- **But I** have to go.
  [버라이]
  하지만 전 가 봐야 해요.

- **What am** I going to do?
  [워램]
  전 뭘 해야 하죠?

- We're **not alone**.
  [나럴로운]
  우리만 그런 건 아니에요.

- Would you like to **meet up**?
  [미럾]
  만날래요?

- It would be **a lot of** help.
  [얼라-러ㅂ(v)]
  도움이 많이 될 거예요.

conversation # 시험에 관한 친구 둘의 대화   대화로 들어 보세요

A   I'm worried about the exam next week. **What about** you?

B   I think I'm **pretty** well prepared for the history exam, **but I** am having some problems with the economics exam. I hope I **get at** least a B.

A   What? I thought we don't have an economics test this semester.

B   **What are** you talking about? It's next Tuesday, and there's so much to cover!

A   Oh, my! **What am** I going to do? I haven't studied anything **at all**.

B   **But isn't** economics your favorite class? I bet you'll still do **better** than I will.

A   Maybe we could study together.

B   **Great idea**! That would be **a lot of** help.

A   All right. Then I'll come over to your place **at eight**. Is **that okay**?

B   Absolutely. Let's give **it our** all.

A: 다음 주 있을 시험이 걱정이야. 너는 어때? B: 역사 시험은 준비를 잘 한 것 같은데, 경제학 시험이 문제야. 적어도 B는 받으면 좋겠는데. A: 뭐라고? 경제학은 이번 학기에 시험이 없는 줄 알았는데? B: 무슨 소리야? 다음 주 화요일이고, 할 게 엄청 많아! A: 이런! 어쩌지? 나 공부 하나도 안 했는데. B: 너 경제학 제일 좋아하지 않아? 그래도 나보다 잘 할걸. A: 같이 공부할래? B: 좋은 생각이야! 그럼 도움이 진짜 많이 될 거야. A: 그러자. 그럼 내가 8시에 너네 집으로 갈게. 괜찮아? B: 그럼. 우리 열심히 해 보자.

* absolutely는 철자상으로는 t가 모음 사이에 있는 것 같지만, t 뒤에 있는 e는 별도의 소리가 없는 묵음입니다. 따라서 여기서는 flap t 규칙이 적용되지 않습니다.

DAY 09

[d]도 부드러운 버전이 있다

그데이, 메이트!
(G'day, mate!)

Day09.mp3

호주나 뉴질랜드를 여행해 보신 분 계신가요? 호주에서는 인사말로 Hi! 대신 G'day!를 많이 씁니다. 왜 갑자기 호주 인사냐고요? 바로 여기서의 day가 flap d를 여실히 보여 주는 아주 좋은 예거든요. 여러 번 들어 보세요. 그냥 day[데이]만 말할 때와 다른 발음이라는 게 느껴지시나요? 우리가 Day 8에서 살펴봤던 **flap t와 똑같은 발음입니다. 철자만 d일 뿐!**

대부분 flap t에 대해서는 장황하게 설명하지만 이 flap d는 놓치는 경우가 많은데, 이 부분을 놓치면 반쪽짜리, 아니 반의 반쪽짜리 학습입니다! wetting(wet: 적시다)은 [웨링]으로 한껏 '미쿡스럽게' 발음해 놓고, wedding은 [웨.딩]이라고 딱딱한 [드]로 발음하는 실수는 하지 말자고요! ☺

<모음 + d + 모음>(모음과 모음 사이), **<r + d + 모음>**(r과 모음 사이)

바로 어제 봤던 **flap t와 원리, 규칙, 소리 모두 동일합니다**. [d]가 모음과 모음 사이에 오거나(br**ea**d **a**nd butter: 버터 바른 빵), [r]과 모음 사이에 올 때 (hea**rd** **i**t: 그것을 들었다) 혀가 입천장을 가볍게 터치만 하고 내려옵니다. 반면 단어 앞에 등장하는 [d](dog)는 혀가 입천장에 단단하게 붙었다 떨어집니다.

phrase

다음 짧은 구를 연습해 보세요

flap t와 flap d는 앞서도 말했지만 상황이나 주변 단어의 영향에 따라 우리말의 [ㄹ]처럼 들리기도 하고 [ㄷ]처럼 들리기도 합니다. 오늘 연습에서는 일반적인 [ㄷ] 발음과 구분하기 위해 모두 [ㄹ]로 표기했습니다. mp3 파일을 잘 듣고 따라해 주세요.

☐ **I don't [아이로운ㅌ]**
나는 ~하지 않는다

☐ **How do you [하우루유]**
너는 어떻게 ~하니?
↳ 단어가 d로 시작하기 때문에 보통은 flap이 아닌 [ㄷ] 발음을 해 주는 것이 일반적이지만 I don't, how do 등은 워낙 흔하게 쓰여 한 단어처럼 인식되기 때문에 d를 flap하는 경우가 많습니다.

☐ **did it [디맅]**
그것이 ~했나요?(의문문), 그것을 했다(평서문)

☐ **made it [메이맅]**
그것을 만들었다, 성공했다, 해냈다

☐ **Should I [슈라이]**
내가 ~해야 하나요?

☐ **proud of [프롸우러ㅂ(v)]**
~이 자랑스러운

☐ **outside of [아울싸이러ㅂ(v)]**
~의 밖에, ~의 바깥쪽에

070

- **get rid of [겔 뤼러ㅂ(v)]**
  ~을 제거하다, ~을 없애다

- **decide on [디싸이런]**
  (여러 가능성 가운데) ~으로 결정하다

- **ended up [엔디럽]**
  결국 ~하게 되었다

- **excited about [익싸이리 러바울]**
  ~으로 신나는, ~을 기대하는

 **sentence**

다음 문장을 연습해 보세요

- **How do I look?**
  [하우루]
  저 어때 보여요?

- **I don't know.**
  [아이로운]
  모르겠어.

- **Don't be too hard on yourself.**
  [하r런]
  스스로에게 너무 엄격하게 굴지 마세요.

- **I'm proud of myself.**
  [프롸우러ㅂ(v)]
  뿌듯해.

- **I like to read about psychology.**
  [뤼-러바울]
  난 심리학 책 읽는 것을 좋아한다.

☐ That's the area I'm **excited about**.
[익싸이리 러바울]
그 분야가 제가 좋아하는 분야예요.

☐ I can't **decide on** a major.
[디싸이런]
전공을 뭘로 할지 결정을 못 하겠다.

☐ What do you do **outside of** school?
[아울싸이러ㅂ(v)]
학교 밖에서는 무얼 해요?

☐ I'm **good at** everything.
[구랫]
난 뭐든 잘해.

☐ I **ended up** getting a C.
[엔디럽]
결국 C학점을 받고 말았다.

conversation # 진로 상담

대화로 들어 보세요

- A You're a senior in high school **already**. Any thoughts about your plans for after you graduate?
- B **I don't** know. I haven't thought about it much.
- A What's your favorite subject or activity **inside or outside of** school?
- B Well, I like to **read about** psychology. Does that count?
- A Of course. That's the area you're **excited about**. **Why do** you like it?
- B I can understand people's emotions, like why they're happy or **sad or** angry. That helps me get **rid of** any negative thoughts. But I still haven't **decided on** a college major. Because I'm also **good at** languages.
- A There will be a way to mix them together. Let's figure it out.

A: 벌써 고3이네. 졸업 후에 어떻게 할지 생각해 봤어? B: 모르겠어요. 아직 생각 많이 안 해 봤어요. A: 학교 안에서나 밖에서 가장 좋아하는 과목이나 활동이 뭐야? B: 음, 심리학 책 읽는 걸 좋아해요. 그런 것도 되나요? A: 물론이지. 그게 네가 좋아하는 분야구나. 왜 심리학이 좋아? B: 사람들의 감정을 이해할 수 있잖아요. 왜 기뻐하는지, 왜 슬퍼하는지, 혹은 왜 화나는지 등이요. 그런 걸 이해하는 게 부정적인 생각을 없애는 데 도움을 줘요. 그렇지만 아직 대학 전공은 결정 못 했어요. 사실 저는 언어도 잘하거든요. A: 두 가지를 같이 묶을 수 있는 방법도 있을 것 같은데? 같이 알아보자.

DAY 10

[t]를 아예 발음하지 않는 경우 (1)

저쎄이 아이 두
(Just say I do.)

Day10.mp3

브루노 마스는 설명이 필요 없는 전 세계적인 가수입니다. 얼마 전 브루노 마스의 내한 공연이 큰 화제를 모으기도 했죠. 그의 수많은 명곡 중 결혼식 축가로도 자주 불려지는 <Marry You>의 가사를 보면 I think I wanna marry you(너랑 결혼하고 싶어) 다음에 아래 구절이 나오죠.

Just say I do (너는 그냥 하겠다고 해)

그런데 이 발음을 잘 들어 보면 [저스트 쎄이 아이두]나 [저슽 쎄이 아이두]가 아니라 **[저쎄이 아이두]**라고 합니다. 빨리 말해서 안 들리는 게 아니에요. 그냥 아예 just의 [t]를 발음하지 않고 있습니다.

<자음 + t + 자음> (t 소리가 자음과 자음 사이에 올 때)

[t]가 모음과 모음 사이에 있으면 flap t가 된다고 했는데, 반대로 [t]가 자음과 자음 사이에 위치하면 소리가 생략될 수 있습니다. 북미권 사람들은 이 [t]란 녀석을 이렇게나 힘겨워하네요. ☺

A: Why did you read this book? 왜 이 책을 읽으셨어요?
B: Because it's a **best seller**. 베스트셀러라서요.

[베스트 셀러r], [베슬 셀러r], [베스-셀러r] 중 어떤 발음이 편하세요? 사실 이 중 어느 발음으로 하셔도 괜찮습니다. 원어민도 항상 하나로만 발음하는

게 아니라 말의 속도, 상황, 습관 등에 따라 다르게 발음하니까요. 다만 best seller 같은 경우 80% 이상은 가장 편한, 마지막 발음으로 발음합니다.

외워야 할 게 하나 더 생겨서 복잡하다고요? Nope! '편하게 발음할 수 있는 옵션이 하나 더 생겼다'라고 생각해 주세요. ☺

phrase

다음 짧은 구를 연습해 보세요

Week 2

- [ ] **last night [래ㅅ 나일]**
  어젯밤

- [ ] **next week [넥ㅅ 위크]**
  다음 주

- [ ] **first day [퍼(f)rㅅ 데이]**
  첫날

- [ ] **best boss [베ㅅ 버ㅅ]**
  최고의 상사

- [ ] **must be [머ㅅ비]**
  ~임에 틀림없다

- [ ] **trust me [트러ㅅ 미/츄러ㅅ 미]**
  나를 믿다

- [ ] **the best I can [더(th) 베ㅅ 아이 캔]**
  내가 할 수 있는 최선

- **assist with [어씨ㅅ 위ㄷ(th)]**
  ~을 돕다

- **exact number [이ㄱ잭 넘버r]**
  정확한 숫자

- **except me [익셒 미]**
  나만 빼고

- **accept the fact [억셒 더(th) 팩(f)ㅌ]**
  사실을 인정하다

- **direct message [다이렉/디렉 메시쥐]**
  개인에게 보내는 메시지

- **attract customers [어ㅌ랙/어츄랙 커ㅅ떠머rㅈ]**
  고객을 끌다

- **project manager [ㅍ롸젝 매니져r]**
  프로젝트 책임자

sentence 다음 문장을 연습해 보세요

☐ Sorry to call in sick at the **last moment**.
[래ㅅ 모우먼ㅌ]
이렇게 급하게 병가 내겠다고 연락드려 죄송해요.
* call in sick 전화로 병가 내다 at the last moment 마지막 순간에, 임박해서

☐ You can **text me** anytime.
[텍ㅅ미]
언제든 문자해도 괜찮아요.

☐ I've **lost my** voice because of a sore throat.
[러ㅅ 마이]
목이 아파서 목소리가 안 나와요.

☐ Things got worse **last night**.
[래ㅅ 나잍]
어젯밤에 상황이 더 안 좋아졌어요.

☐ It **must be** the flu.
[머ㅅ비]
독감인 것 같아요.

- It's **best for** you to get some rest.
  [베ㅅ 포(f)r]
  쉬는 게 가장 좋아요.

- **Just stay** home.
  [저ㅅ떼이]
  그냥 집에 계세요.

- I filled in John on the **project details**.
  [프라젝 디테일ㅈ]
  존에게 프로젝트 세부사항 전달했어요.
  * fill someone in ~에게 모르고 있는 정보를 전달하다

- I can't give you the **exact schedule**. [이ㄱ잭 ㅅ께쥴]
  정확한 일정은 말씀드리기 어려워요.

- I'll see you **next week**. [넥ㅅ 위ㅋ]
  다음 주에 봬요.

conversation # 직장에 병가 내기

대화로 들어 보세요

A   Tim, this is Mila. I'm sorry to do this at the **last minute**, but I need to call in sick today.

B   Are you all right?

A   I've got a pretty bad cold and a fever. It **must be** the flu.

B   Oh, no. It's **best for** you to get some **rest then**. How long have you had it?

A   I've had it for a few days, but it really got bad **last night**.

B   Should I pass on any urgent tasks to someone else?

A   Thank you, Tim. I've already filled in Brian on the **project details**.

B   Sounds good. When do you expect to return to work?

A   I can't determine the **exact schedule**, but I **expect some** time **next week**.

B   Okay. **Just focus** on getting some rest and getting better.

A: 팀, 밀라예요. 급하게 연락드려 죄송해요. 저 오늘 아파서 출근 못 할 것 같아요. B: 몸은 괜찮아요? A: 감기가 심하고 열이 있네요. 독감 같아요. B: 어쩌쿠. 그럼 쉬어야죠. 그런 지는 얼마나 됐어요? A: 걸린 지는 며칠 됐는데 어젯밤에 아주 심해졌어요. B: 급하게 다른 사람한테 전달해야 할 업무가 있나요? A: 고마워요. 이미 브라이언에게 프로젝트 세부 사항 전달했어요. B: 좋네요. 언제 출근할 수 있을 것 같아요? A: 정확한 일정은 말씀드릴 수 없지만, 다음 주 중에 출근할 수 있을 것 같아요. B: 그래요. 쉬면서 몸 회복하는 거에 집중해요.

* pass on 넘겨주다, 전달하다

[t]를 아예 발음하지 않는 경우 (2)

카우넌 미
(Count on me.)

Day11.mp3

이번 주는 브루노 마스의 노래를 많이 듣게 되네요. 오늘 들어 볼 곡은 그의 또 다른 명곡, <Count On Me>입니다. 스윗하고 잔잔하게, 그리고 분명한 발음으로 말합니다.

Count on me [카우넌 미] (나한테 기대, 날 믿어)

<nt + 강세를 받지 않는 모음> → t 생략

규칙 끝! 간단하죠? 이 규칙은 동일 단어 내에서도(interview[이너r뷰(v)]), 단어 사이에서도(went out[웨나웉]) 모두 적용되며, 꽤 흔하게 일어나는 현상입니다.

하지만 nt 뒤의 모음이 강세를 받는다거나, 두 단어 사이를 끊어 읽는 경우라면 [t] 발음을 생략하지 않습니다. 예로, spent hours(몇 시간을 보냈다)의 경우, 보통 hours에 강세를 두고 말을 하기 때문에 [스뻰(트) 아우어r즈] 처럼 [t]를 stop으로, 또는 약하게 발음하고 hours를 단독으로 발음합니다. **중요한 말은 또렷하게, 자주 쓰는 말은 가볍게**라는 보편적 룰이 그대로 적용되는 것뿐이니까, 어렵게 생각하실 필요 없습니다. ☺

phrase

다음 짧은 구를 연습해 보세요

Week 2

- ☐ **went outside [웨나울싸이ㄷ]**
  밖으로 나갔다

- ☐ **went ahead [웨너헤ㄷ]**
  앞서 나갔다

- ☐ **point out [포이나울]**
  가리키다, 지적하다

- ☐ **percent off [퍼r세너ㅍ(f)]**
  ~퍼센트 할인

- ☐ **moment in life [모머닌 라이ㅍ(f)]**
  삶의 순간

- ☐ **want it [워닡]**
  그것을 원하다

- ☐ **amount of [어마우너ㅂ(v)]**
  ~의 양

- **in front of [인 ㅍ(f)러너ㅂ(v)]**
  ~ 앞에서

- **restaurant in town [뤠ㅅ떠라닌 타운]**
  시내 음식점

- **complaint about [컴플레이 너바울]**
  ~에 관한 불만

- **pleasant experience [플레즌 닉ㅅ삐뤼언ㅅ]**
  즐거운 경험

- **comment on the post [커메넌 더(th) 포우ㅅㅌ]**
  게시물 댓글

- **different opinion [디ㅍ(f)러 너피니언]**
  다른 의견

- **agreement on [어ㄱ리머넌]**
  ~에 관한 합의, ~에 대한 의견 일치

sentence

다음 문장을 연습해 보세요

- Do you **want a** lunch break?
  [워너]
  점심 먹고 할래요? * lunch break 점심 휴식 시간

- They **went out** for lunch.
  [웨나웉]
  그 사람들 점심 먹으러 나갔어요.

- Lunchtime doesn't **count as** working hours.
  [카우내ㅈ]
  점심 시간은 근무 시간에 포함되지 않습니다.

- How about the new **restaurant in town**?
  [뤠스떠라닌 타운]
  시내에 새로 생긴 식당 어때요?

- It's **in front of** the school.
  [인 ㅍ(f)러너ㅂ(v)]
  그것은 학교 앞에 있어요.

- **It offers 10 percent off everything.**
  [퍼r세너ㅍ(f)]
  전 품목 10퍼센트 할인해 주고 있어요.

- **Are we in agreement on this?**
  [어ㄱ리머넌]
  우리 이거 합의된 거죠?

- **We have a lot of different options.**
  [디ㅍ(f)러 납션ㅈ]
  선택의 여지가 많아요.

- **It was a pleasant experience.**
  [플레즈 닉ㅅ삐뤼언ㅅ]
  즐거운 경험이었어요.

- **I'll leave a positive review and comment on the food.**
  [커메넌]
  음식에 대해 긍정적인 리뷰와 댓글을 남길게요.

conversation # 점심 메뉴 선정하기

대화로 들어 보세요

A Hey, Mark. **Want a** lunch break?

B Oh, I've been **counting** down the minutes until lunchtime. Any cravings today?

A How about Thai food? My friend and I **went out** to dinner at this new **restaurant in** town, and the food was amazing.

B Do you mean the one **in front of** the post office? My **client is** the manager of that place!

A Really? Maybe I should leave a nice **comment on** the food!

B Wait a minute. Today is Monday, right? The homepage says it offers 10 **percent off** everything on Monday!

A Great! Do you want to order takeout or dine in?

B Let's dine in if it's not too crowded.

A Agreed. It has a nice view. It will be a **pleasant experience**.

A: 마크, 점심 먹으러 갈래요? B: 아, 점심 시간 오기만을 기다리고 있던 중이에요. 뭐 당기는 거 있어요? A: 태국 음식 어때요? 친구랑 시내에 새로 생긴 식당에 저녁 먹으러 갔었는데, 진짜 맛있었거든요. B: 우체국 앞에 있는 것 말이에요? 제 고객이 거기 매니저예요. A: 정말요? 그럼 음식 리뷰 잘 써 드려야겠네요! B: 잠깐, 오늘 월요일이죠? 홈페이지 봤더니 월요일에는 전 메뉴 10% 할인이라네요! A: 좋네요! 사 가지고 와서 먹을까요, 아니면 거기서 먹을까요? B: 사람이 아주 많지 않으면 식당에서 먹죠. A: 좋아요. 거기 뷰도 좋아서 즐거운 경험이 될 거예요.

* craving 갈망 dine in (식당) 안에서 먹다 (반대말: take away)

not을 축약한 n't 발음 방법

아이 던노우
(I dunno.)

Day12.mp3

'글쿠나', '그치', '머해' 등등 우리도 친구들과 메시지를 할 때면 맞춤법에 상관없이 소리 나는 대로 표기하는 경우가 종종 있죠? 영어로 I dunno.는 I don't know.를 그렇게 소리 나는 대로 표기한 경우입니다. 심지어 dunno는 사전에도 등재되어 있다는 사실! 케임브리지, 콜린스, 메리엄-웹스터, 옥스포드 등 대표적인 영어 사전들이 모두 dunno를 등재하고 있는데요, 그만큼 흔하게 쓰인다는 얘기겠죠?

don't know ➡ dunno [던노우]

[t] 발음이 온데간데없이 사라졌네요. not을 축약한 단어들(isn't, doesn't, haven't, shouldn't, can't 등)은 **일상생활에서 밥 먹듯이 쓰는 말들**이기 때문에, 앞서 살펴봤던 **단순 'nt 규칙'과는 또 다른 차원**을 선보입니다. 또한 이 단어들을 발음하는 방법은 이뿐만은 아닌데요, 아래에서 자세히 살펴보기로 하죠.

n't: glottal t stop 또는 t 생략

'nt' 하면 바로 생각나는 단어들이 있죠? can't, don't, isn't, wouldn't와 같은 '조동사/be동사 + not'의 축약 단어들입니다. 이 단어들도 앞의 규칙을 따르냐고요? 물론입니다. 플러스! 이런 경우들은 앞서 I don't know.에서도 봤듯이 **뒤에 자음이 따라와도 [t] 생략이 더 자유롭습니다.** 이유는 흔하게 쓰는 말들이기 때문이에요.

Q. 잠깐만요! [n]도 자음이니까, [nt+자음]은 [t]가 자음 사이에 있는 꼴이 되고, 그럼 늘

생략되는 것 아닌가요?

A. 영어의 [n, l, r, m, w] 등은 자음이긴 하지만 모음의 성격 또한 가진 소리들로 일반 자음과 약간 다르게 취급됩니다. 그래서 기본적으로 n't 축약이 아닌 다른 단어들에서의 [nt+자음]의 [t]는 생략되지 않습니다.

하지만 can't의 경우는 그런 현상이 다소 덜 일어나는데요, can't에서 [t]를 빼면 can과 발음이 같아지기 때문이죠.([t]를 생략하기도 하는데, 그때는 모음으로 구분합니다. 이는 Day 25에서 자세히 설명드리겠습니다.) 반대의 의미를 가진 두 단어를 똑같이 발음하면 혼란이 생기겠죠? 그래서 이 경우는 **'여기 [t] 있다'라고 티를 내 줘야** 합니다.

티를 내는 가장 흔한 방법이 있는데요, 이게 우리말에는 없기 때문에 처음에는 감을 잡기가 쉽지 않을 수 있습니다. 우리 정말로 많이 놀랐을 때, '헉!'이라고 하죠? 그런데 실제 정직하게 '헉'이 아니라 '허'를 발음하면서 **말문이 막힌 듯이 목구멍(성대)을 순간적으로 막아 보세요.** 그러면 '헉'도 아니고, '허'도 아닌 그 중간 소리를 낼 수 있습니다. 다른 예시로는 주로 난처한 상황에서 내뱉는 영어 감탄사 Uh-oh!의 Uh 소리가 있습니다. '억'도 아니고 '어'도 아닌, 목구멍이 막힌 소리이죠. 이 소리를 어려운 말로 'glottal t: 목구멍에서 내는 t'라고 부르는데, 그 소리가 바로 can't를 발음할 때의 t 소리입니다.

정리하면, n't 축약 단어들은 세 가지 방법으로 발음할 수 있습니다

- [t]를 소리 낸다
- glottal t로 발음한다
- [t]를 생략한다

phrase

다음 짧은 구를 연습해 보세요

- **Isn't it? [이즈닡]**
  그렇지 않아요?

- **wasn't afraid [워즈 너ㅍ(f)레이드]**
  두렵지 않았다

- **won't listen [우오운 리슨]**
  듣지 않을 거다, 들으려 하지 않는다

- **can't believe [캔 빌리ㅂ(v)]**
  믿을 수 없다

- **couldn't find [쿠른 파(f)인드]**
  찾을 수가 없었다
  ↳ 자음 [n]은 앞서 설명한 것과 같이 모음의 성격도 지니고 있기 때문에 d가 모음 사이에 있는 것과 같이 flap d로 발음되어 [쿠른ㅌ]가 됩니다.

- **shouldn't talk [슈른터ㅋ]**
  말해서는 안 된다

- **wouldn't care [우른 케어r]**
  신경 쓰지 않을 거다

- **don't even [도우니븐(v)]**
  심지어 ~하지도 않다

- **doesn't bother [더즌 바더(th)r]**
  괴롭히지 않는다, 신경 쓰게 하지 않는다

- **didn't realize [디른 뤼얼라이ㅈ]**
  몰랐다, 알아차리지 못했다

- **haven't seen [해븐(v) 씬]**
  보지 못했다

- **hasn't turned up [해즌 터r언덮]**
  나타나지 않았다

- **weren't feeling good [워r언 필(f)링 굳]**
  상태가 좋지 않았다

- **mustn't do it [머슨두잍]**
  그것을 절대 하면 안 된다

sentence

다음 문장을 연습해 보세요

☐ **Isn't** it my turn?
[이즈닡]
내 차례 아니야?

☐ You **didn't ask** me.
[디르내ㅅㅋ]
나한테 물어보지 않았잖아.

☐ I'm the middle child, and my parents **don't even** notice me.
[도우니븐(v)]
난 중간에 껴서 부모님은 내가 있는 줄도 모르셔.
* middle child 셋 중 둘째처럼 맏이와 막내 사이의 아이

☐ **I couldn't agree** more.
[쿠르너ㄱ뤼]
전적으로 동의해.

☐ You **can't just go.**
[캔 저ㅅ고우]
그냥 그렇게 가면 안 되지.

- **I haven't finished** talking.
  [해븐(v) 피(f)니쉬트]
  내 말 아직 안 끝났어.

- **I wouldn't throw** a tantrum for no reason.
  [우른 쓰(th)로우]
  내가 이유 없이 성질 부리지는 않겠지.
  * throw a tantrum 성질 부리다, 떼쓰다

- Trust me. It **wasn't my** idea.
  [워즌 마이]
  진짜야, 내 생각이 아니었어.

- My older sister **won't let** me talk to boys.
  [우오운 렡]
  우리 언니는 내가 남자들과 말도 못 섞게 해.

- My older brother **doesn't really** take care of me.
  [더즌 뤼얼리]
  우리 오빠/형은 나를 별로 챙기는 편이 아니다.

conversation #흔한 자매 싸움 　　　대화로 들어 보세요

A　Hey. **Isn't that** my sweater? Give it back!

B　You **don't care** about it that much anyway. You just left it lying around, so it's fair game.

A　It's not if you **didn't ask** me first. You **can't just** take my things whenever you want! You **shouldn't do** that!

B　Ugh, you're such a drama queen. Fine. Take your stupid sweater back. I **don't want** it anymore.

A　Maybe next time, you'll think twice before taking something that's not yours.

B　Whatever. Now can I go? Or is there something you **haven't finished** talking about?

A　**Can't we** at least try to get along for once?

B　Maybe if you would stop being so annoying.

A　Ugh. Let's just drop it.

A: 야, 그거 내 스웨터 아냐? 돌려줘! B: 그렇게 아끼는 것도 아니면서. 그냥 바닥에 내팽겨쳐 놨잖아. 그러니까 내가 가져도 되지. A: 먼저 물어보지 않았으니까 아니야. 아무 때나 맘대로 내 꺼 가져가면 안 되지! 그러면 안 돼! B: 또 오버한다. 알았어. 네 거지 같은 스웨터 도로 가져가. 이제 필요 없어. A: 다음에는 다른 사람 꺼 맘대로 가져가기 전에 한 번 더 생각 좀 하는 게 어때? B: 뭐래. 이제 가도 돼? 할 얘기 남았어? A: 우리 한 번쯤은 좀 잘 지내보려고 노력하는 게 어때? B: 네가 짜증나게 안 굴면 생각해 볼게. A: 으, 그냥 관두자.

* fair game 누구나 취할 수 있는 대상　drama queen 과장하는 사람, 호들갑 떠는 사람

DAY 13

to를 발음하는 방법은 따로 있다

유 터킹 두미?
(You talking to me?)

Day13.mp3

마틴 스콜세지 감독, 로버트 드니로 주연의 <택시 드라이버(Taxi Driver)>는 오래된 영화지만 안 보신 분이 계시다면 꼭 한번 보시기를 추천드리는 명작입니다. 이 영화의 명장면이라 하면, 로버트 드니로가 거울을 보며 살인 동작을 연습하는 부분이죠.

You talking to me? (지금 나한테 말하는 거야?)

여기서의 to는 우리가 평소 알고 있는, 침이 튀길 것 같은 발음 [투]와는 분명 다른데요, [ㅌ]보다는 [ㄷ]에 훨씬 가깝게 소리 내고 있습니다. 그래서 **[유 터킹 두미]?** 처럼 들립니다.

to가 강세를 받지 않을 때

여기까지 따라오셨다면 눈치채셨죠? [t]와 [d]는 쌍둥이처럼 닮아 있습니다. **'too vs. do'**를 번갈아 발음해 보세요. 입술 모양, 혀의 위치 등이 모두 같죠? 다만, [d]를 발음할 때보다 [t]를 발음할 때 바람을 더 세게 뱉어야 한다는 차이뿐입니다.

Day 3에서 [p], [t], [k]가 바람을 많이 뱉을 때와 아닐 때를 구분해서 살펴봤던 것 기억하시나요? 바람을 터뜨려서 발음하지 않을 때 소리의 범주가 다양하다고 말씀드렸는데요, 이 범주 안에 바로 [d] 소리가 포함됩니다. 즉, **[t]에서 힘을 빼면 [d]**가 되는 거죠! 이것의 가장 **대표적인 예가 to**입니다.

I'm **going** to the **store**.

이 문장에서 중요한 단어는 '의미'를 전달하는 going과 store입니다. 대부분 문장에서 **to는**(too나 two가 아닙니다) 중요한 의미 전달이 아니라 **기능의 역할만 하는 경우**가 많기 때문에, 발음이 약하게 나는 경우가 많습니다. 따라서 going to가 [고잉투]가 아닌 [고잉두]로 발음되기도 합니다.

| 예외 | to가 문장 가장 끝에 오는 경우는 [투]로 발음합니다.

오늘 내용은 '영어 듣기'에 있어 매우 중요한 발음 현상입니다. 영어가 잘 안 들리는 이유, 듣다가 욕 나오게 하는 이유 중 하나가 바로 이 [t] 발음 때문이거든요. 특히 **영어에서 가장 듣기 어려운 부분이 지금처럼 [t]가 [d]처럼 발음될 때입**니다.

하지만 희소식도 있어요! 이 현상은 앞서 본 규칙들과는 다르게 그야말로 '현상'에 훨씬 더 가깝습니다. 즉, 앞서 봤던 규칙들은 '그런 환경에 놓이면 (100%는 아니지만) 그렇게 발음할 확률이 높다'라면, 오늘 보는 현상은 **절반 정도의 확률만 가지고 있다**라고 보시면 됩니다. 😊

phrase

다음 짧은 구를 연습해 보세요

☐ **time to get up [타임두 게렆]**
일어날 시간

☐ **sorry to say [써리두 쎄이]**
말하기 미안하지만

☐ **going to school [고잉두 ㅅ끼울]**
학교에 가는, 학교에 가기

☐ **come to work [컴두 워rㅋ]**
출근하다

☐ **see you tomorrow [씨유 두머로우]**
내일 봐요

☐ **fun to watch [펀(f)두 와취]**
보기 재미난

☐ **trying to do [츄라잉두두]**
하려고 노력하는

☐ **hard to break [하r두 브레이크]**
부러뜨리기 힘든

☐ **put her to sleep [푸러r두 슬맆]**
그녀를 재우다

☐ **need to talk about [니-두 터커바울]**
얘기할 필요가 있다

☐ **wanted to ask [워니두 애ㅅㅋ]**
물어보고 싶었다

☐ **excited to be here [익싸이리두 비 히어r]**
여기 있게 되어 신나는

☐ **good to meet you [굳두 미츄 / 구두 미츄]**
당신을 만나서 반가운
↳ 앞서 다른 예에서 보듯이 [d]로 끝나고 to가 오면 그냥 하나의 [d]만 발음해 주는데요, good to meet you 같은 경우는 앞의 good을 강조해서 다 발음해 주는 경우가 많습니다. 아무래도 중요한 단어니까 그렇겠죠? meet you의 경우 [밑유 / 미츄] 모두 가능합니다.

sentence

다음 문장을 연습해 보세요

☐ I don't have enough **time to** recover from the day.
[타임두]
하루의 피로를 풀 충분한 시간적 여유가 없어요.

☐ We **need to** talk about this.
[니-두]
이거에 대해 얘기 좀 해요.

☐ I help the kids **go to** sleep and then clean.
[고우두]
애들을 재우고 나서 청소를 해요.

☐ Then, we finish **dinner together**.
[디너r 두게더(th)r]
그리고 같이 저녁을 끝내요.

☐ Kids will **be able to** help with the chores.
[비에이블두]
아이들이 집안일을 도울 수 있을 거예요.

- ☐ It's **hard to** imagine at the moment.
  [하r두]
  지금 당장은 상상하기 힘드네요.

- ☐ It's **going to** happen in a few years.
  [고잉두]
  몇 년만 지나면 일어날 일이에요.

- ☐ I'm **willing to do** my share of the housework.
  [윌링두두]
  얼마든지 제 몫의 집안일을 할 의사가 있어요. * be willing to 기꺼이 ~하다

- ☐ **Make sure to** split them equally.
  [메잌슈어r두]
  반드시 똑같이 나누세요.

- ☐ It'll **settle into** a routine.
  [세를 인두]
  일상으로 자리 잡을 거예요. * settle into 자리 잡다

conversation # 집안일 분담

대화로 들어 보세요

A All right. We **need to** sit down and figure out **how to** split up the household chores.

B Ugh, do we have to? Can't we just keep doing what we're doing?

A No, we need a fair system. I'm tired of **having to** take out the trash. We **need to** do our part to keep the house clean and organized.

B How about if we make a list of the chores we're **willing to do** and then rotate them each week?

A Sounds **good to me**.

B I'm **glad to hear** that. Let's do it!

A **Remember to switch** chores every week. Agreed?

B Agreed.

A: 자, 같이 앉아서 집안일을 어떻게 분담할지 얘기해 보자. B: 윽, 꼭 그래야 해? 그냥 하던 대로 하면 안 돼? A: 안 돼. 공정한 시스템이 있어야 돼. 내가 쓰레기 내다 버려야 하는 거 지겹단 말이야. 집을 깨끗하고 정돈되게 유지하려면 각자의 역할을 해야 해. B: 그럼 각자 하고 싶은 집안일을 적어서 리스트를 만든 다음에 매주 돌아가면서 하면 어떨까? A: 괜찮은 생각 같아. B: 다행이네. 그럼 그렇게 하자! A: 매주 바꾸는 거 잊지 마. 동의하지? B: 동의해.

REVIEW DAY 14

티모시 샬라메와 펭수의 만남!

영화 <듄: 파트2(Dune: Part Two)>의 홍보 차 한국을 방문한 티모시 샬라메와 젠데이아, 오스틴 버틀러가 펭수를 만났습니다. 펭수를 만나 보고 싶었다던 티모시가 펭수와 어떤 대화를 나누었는지 같이 살펴볼까요?

Q. 한국을 방문한 소감은?

Timothée This has been a dream. I'm so **happy to be**[해삐두비] back here. Nice to ***meet you**, Pengsoo. I've **been to**[빈두] Busan and never **been to**[빈두] Seoul. I'm loving it.

Zendaya This is my first time.

Austin My first time, too.

Zendaya Your first time, too? We had such a warm welcome. **Literally**[리러럴리] stepping ***out of**[아우러ㅂ(v)] the plane, and everybody was there. And there was so much love. And I got some cute, adorable gifts, handmade gifts. So, yeah. I feel very warm and embraced and feeling ***a lot of**[얼라러] love.

Austin Feel the same way. Just so **grateful to be**[그뤠잍풀(f)두비] here. Everybody's been so lovely. And I get to ***meet you**. I've always **wanted to**[워니두] ***meet you**.

T: 꿈만 같아요. 다시 돌아와서 너무 좋습니다. 만나서 반가워요, 펭수. 부산에는 가 봤지만 서울에는 처음인데, 정말 좋아요.

Z: 저는 처음이에요.

A: 저도 처음이에요.

Z: 정말? 우리는 정말 따뜻한 환대를 받았어요. 비행기에서 내리는 순간 엄청나게 많은 분들이 있었고, 정말 따뜻하게 맞아 주셨죠. 귀여운 선물들도 받았어요. 직접 손으로 만든 선물들이요. 매우 따뜻하고 포근한 느낌을 받았고 많은 사랑이 느껴졌어요.

A: 저도 똑같이 느꼈어요. 여기에 와서 너무 감사하고요. 모두가 정말 사랑스러워요. 펭수도 만났잖아요. 만나고 싶었어요.

발음 포인트

* meet you

총 세 번의 meet you가 나오는데, 두 번은 **[밑유]**라고 **stop**으로 발음했고 마지막 meet you는 **[미츄]**라고 **연음**했습니다. 심지어 한 사람이 한 자리에서 발음했는데도 이렇게 다르게 발음하고 있어요! **연음은 '법칙'이 아니라 '현상'**이라는 거, 잘 아시겠죠? ☺ 공식처럼 외우지 말고 자연스럽게 영어를 듣고 따라하면서 익혀 보세요.

* out of, a lot of

모음 사이에 들어간 **[t]가 flap**으로 발음되는 거 들리시죠? 그런데 자세히 들으면, out of는 **[아우러ㅂ(v)]**로 발음했지만, a lot of는 [v] 발음 없이 **[얼라러]**로 끝나거든요. 이 of 발음에 대해서는 Day 19에서 다뤄 드립니다!

이른 시간 vs. 늦은 시간

이른 시간: 미국의 등교 시간

모든 것이 여유 있고 워라밸이 잘 지켜질 것 같은 미국도 학생들에게만큼은 다소 잔인한 등교 시간을 요구합니다. 미국 학교의 수업 시작 시간은 평균 오전 8시 전후로, 이르게는 7시 30분(주로 고등학교), 초등학교의 경우도 8시 30분을 넘기지 않습니다. 집에서 학교까지 보통 10분 거리인 우리나라와 달리, 학교까지의 거리가 먼 미국 고등학생들의 경우 7시까지 등교하기 위해서는 새벽 5시부터 일어나 준비를 해야 하는 경우가 허다합니다.

이에 '아침잠을 뺏는 것은 아이들의 건강에 좋지 않으므로 등교 시간을 바꿔야 한다'는 주장이 꾸준히 제기되고 있지만, 현실적으로 실행에 옮기기는 쉽지 않은 모양입니다. 가장 큰 이유는 바로 통학 차량과 부모의 출근 준비 시간 때문입니다.

미국은 집에서 학교까지의 거리 때문에 스쿨버스가 통학에 흔하게 활용됩니다. 따라서 모든 학년의 스쿨버스 시간을 겹치지 않게 하려다 보니 이른 시간 등교 또한 불가피할 수밖에 없는 거죠. 또한 자녀를 먼저 학교에 보내고 출근 준비를 하는 일정 때문에 아이들의 등교 시간이 출근 시간보다 일러졌다고 하네요.

늦은 시간: 스페인의 저녁 식사 시간

혹시 스페인에 가게 되신다면, 생체 시계를 약간 뒤로 조정하셔야겠습니다. 오후 6시에 출출하다고 저녁 먹을 식당을 찾다가는 헛걸음만 하게 될 테니까요. 스페인의 저녁 식사 시간은 다른 지역에 비해 훨씬 늦은 시간인 7시 반에 시작해 9시, 10시까지 이어집니다. 그래서 저녁 식사 영업을 하는 식당들은 보통 저녁 8시에 문을 열지요.

대신 스페인 사람들에게는 Merienda Time이라는 특별한 문화가 있습니다. Merienda Time은 배가 고플 늦은 오후 5~6시 즈음에 먹는 간식 타임을 일컫는 말입니다.

스페인은 점심 식사를 중요하게 생각하는 문화입니다. 점심 식사는 오후 2시에 시작해서 천천히, 풍성하게 즐깁니다. 그래서 Siesta(점심 후 낮잠)라는 문화도 있죠! 그렇기 때문에 저녁 식사를 6~7시에 먹기는 무리입니다. 식당은 8시부터 문을 열고, 가정에서는 9시에 저녁 식사 준비를 시작하는 이유입니다.

여러분은 미국식 early bird 유형이신가요, 아니면 스페인식 night owl 유형이신가요? 😊

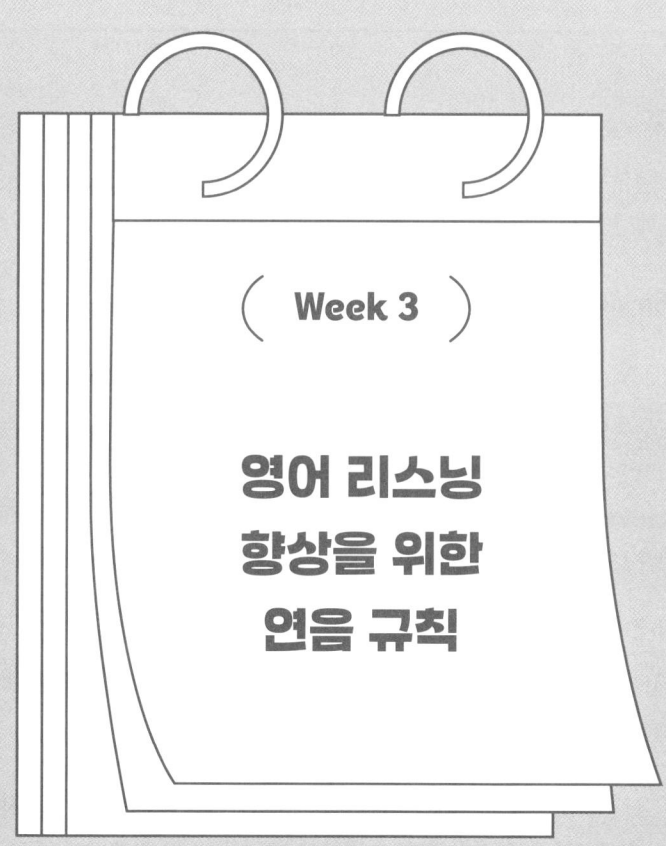

Week 3

영어 리스닝 향상을 위한 연음 규칙

DAY 15

be동사 축약 발음, 이걸로 끝!

츄이, 워r 호움
(Chewie, we're home.)

Day15.mp3

영화 <스타워즈: 깨어난 포스(Star Wars: The Force Awakens)>가 개봉되었을 당시 30년을 기다린 전 세계 스타워즈 팬들을 열광케 했던 대사가 있죠.

Chewie, we're home. (츄이, 우리 집에 돌아왔어.)

마치 해리슨 포드가 오랜 팬들을 향해 "드디어 우리가 돌아왔어!"라고 말하는 듯하여 설렘을 폭발시켰죠. 해리슨 포드는 이 대사를 이렇게 발음하고 있습니다.

"We're home. [워r 호움]"

[워r]: We are을 축약한 We're을 이렇게 발음한다는 것 알고 계셨나요? You're, We're, They're 등은 기본이 되는 말인데, 막상 어떻게 발음하는지 매번 헷갈리지는 않으셨나요?

한 온라인 설문조사에서 원어민들을 대상으로 **가장 어색하게 느껴지는 외국인들의 영어 습관**을 조사한 결과가 흥미로웠는데요, 그 중 하나가 바로 **축약을 잘 사용하지 않는다**였습니다.

즉, 일반적인 상황에서 I am hungry.보다는 I'm hungry.가 훨씬 자연스럽다는 의미이죠. 그 중에서도 **대명사와 be동사의 축약은 기본 중 기본**입니다.

과연 어떻게 발음되는지 살펴보고, 입에 붙을 때까지 같이 열심히 연습해 볼 게요! 😊

발음 정리

be동사 축약	천천히 발음	빠르게 발음
I'm	[아임]	[암] / [엄]
You're	[요어r]	[여r]
He's	[히ㅈ]	
She's	[쉬ㅈ]	
It's	[이ㅊ]	
We're	[위어r]	[워r]
They're	[데(th)어r] = their = there	[더(th)r]

'천천히 발음'과 '빠르게 발음' 칸에 나뉘어진 발음은 '별도의 발음'이 전혀 아닙니다. 칼로 자른 듯이 명확히 구분되는 발음 또한 아니고요. 같이 보면서 설명드릴게요.

I'm[아임]에서 강조되는 소리는 [아]입니다. 빠르게 말하는 상황에서 **살아남는 소리** 또한 [아]입니다. [아임]에서 [임]을 약하게 발음해 보세요. [임] 소리가 약해질수록 [암]이나 [엄]에 가깝게 소리 나는 것을 확인하실 수 있죠?

You're, We're, They're에서는 뒤의 [어r] 소리가 살아남습니다. 빠르게 말하다 보면 **앞 소리들은 흔적만 남듯이 발음**되고, 그래서 '빠르게 발음' 칸에 있는 소리처럼 들리게 되는 거죠. 즉, [요어r], [위어r], [데(th)어r]이 각각 [여r], [워r], [더(th)r]로 들리게 됩니다.

이런 원리를 이해하면 별도로 외우지 않고서도 자연스럽게 '천천히 발음', '빠르게 발음', 혹은 그 중간 발음도 자유자재로 구사할 수 있습니다. 무엇보다 많이 연습하는 것이 중요합니다!

phrase

다음 짧은 구를 연습해 보세요

기초 다지기: '천천히 발음'으로만 연습합니다.

- ☐ **He's from [히ㅈ ㅍ(f)럼]**
  그는 ~출신이다

- ☐ **She's kind of [쉬ㅈ 카인더ㅂ(v)]**
  그녀는 약간 ~하다

- ☐ **I'm telling you [아임 텔링 유]**
  정말이에요 (강조할 때)

- ☐ **what I'm saying [워라임 세이잉]**
  내가 말하는 것
  ↳ [이]로 끝나는 말에 -ing가 붙으면 [이]를 두 번 반복해서 발음해 주세요.

- ☐ **If you're lucky [이ㅍ(f) 요어r 럭끼]**
  운이 좋다면

- ☐ **You're welcome to [요어r 웰껌 투]**
  얼마든지 ~해도 좋다

- ☐ **You're being [요어r 비잉]**
  너는 ~하게 행동한다

Week 3

- **We're about to [위어러바울투]**
  우리는 ~하려던 참이다

- **We're here for [위어r 히어r 포(f)r]**
  우리는 ~을 위해 여기 왔다

- **what we're looking for [웥 위어r 루낑포(f)r]**
  우리가 찾는 것

- **They're likely to [데(th)어r 라이끌리 투]**
  그들(그것들)은 ~할 것 같다, ~할 가능성이 높다

- **They're supposed to [데(th)어r 서포우ㅈ투]**
  그들(그것들)은 ~하도록 기대되어진다, ~해야 한다

- **We're heading to [위어r 헤딩투]**
  우리는 ~로 향하고 있다

- **They're going to [데(th)어r 고잉투]**
  그들은 ~을 할 것이다

sentence

다음 문장을 연습해 보세요

확장 연습: '빠르게 발음'으로 발음하는 빈도수가 상대적으로 높은 You're, We're의 경우만 [여r], [워r]로 발음해 봅니다.

- ☐ **I'm** their mutual friend.
  나는 그들의 공통 친구다. *mutual 공동의

- ☐ **We're** all from the same town.
  우리는 모두 같은 동네 출신이다.

- ☐ **They're** developing feelings for each other.
  그들은 서로에 대한 감정을 키워 가고 있다.

- ☐ **They're** not in a relationship yet.
  그들은 아직 사귀는 사이는 아니다.

- ☐ **I'm** telling you he's cute.
  정말 그는 매력적이다/잘생겼다/호감형이다.

Week 3

☐ **He's** a real stand-up guy.
그는 믿을 수 있는 사람이다.
* stand-up guy 바르고 정직한 사람, 든든한 사람

☐ **She's** not with anyone.
그녀는 만나는 사람이 없다.

☐ **We're** hanging out this weekend.
우리는 이번 주말에 같이 놀기로 했다.

☐ **You're** perfect for each other.
너희 정말 잘 어울린다(천생연분이다).

☐ **You're** going to make a good couple.
너희는 잘 어울리는 커플이 될 것이다.

conversation # 좋아하는 사람이 생겼어요

대화로 들어 보세요

A So I heard *somebody* has a crush on somebody.

B Come on. Tell us everything. **We're** all ears.

C Well, his name is Mike, and I think **he's** kind of cute. When **I'm** around him, I feel like **I'm** home. **We're** able to talk about anything and everything.

A **That's** awesome.

B Did you say Mike? I know him and his sister! We went to the same school together. **They're** both really great.

C **You're** right! I heard **she's** in Canada now.

A Enough about his sister! So do you think **they're** going to make a good couple?

B Of course! Since **I'm** your mutual friend, why don't we hang out together sometime?

C Really? **You're** the best!

A: 누가 누구 좋아한다는 소문이 있던데? B: 자, 우리한테 다 말해 봐. 들을 준비됐다고. C: 음, 그 사람 이름은 마이크이고, 잘생겼어. 그리고 같이 있으면 집에 있는 것처럼 편해. 그 사람과는 어떤 말이건 다 할 수 있어. A: 완전 좋네. B: 마이크라고 했어? 나 그 사람이랑 여동생도 알아! 같은 학교 다녔거든. 둘 다 진짜 좋지. C: 맞아! 여동생은 지금 캐나다에 있대. A: 여동생 얘기는 됐고. 그래서, 네가 보기에는 둘이 잘 어울릴 것 같아? B: 당연하지! 내가 둘 다 아니까 언제 한번 같이 보는 건 어때? C: 정말? 너밖에 없다!

* have a crush on ~를 짝사랑하다, ~에게 반하다 all ears 귀를 기울이고 있는

DAY 16

will 축약 발음 한 번에 정리!

아일비백!
(I'll be back!)

Day16.mp3

영화 <터미네이터(The Terminator)>는 잘 몰라도, 그 영화의 상징적인 대사인 "I'll be back."은 들어 보셨을 거예요. 그런데 이 대사를 [아윌비백]이라고 발음했던 분들이 많으실 텐데요, 실제 아놀드 슈왈제네거의 발음을 들어 보면 **[아윌]이 아닌 [아일]**이라고 발음하고 있습니다.

차라리 아예 모르는 단어라면 배우고 외우면 되는데, 너무 잘 아는 두 개의 단어가 합쳐져서 예상과 다른 발음이 되니까 오히려 더 헷갈리죠? 이번 기회에 확실히 정리해서 알려 드릴게요.

그런데 잠깐! 그 전에 한 가지 더 짚고 넘어가야 할 것이 있습니다. I'll을 똑같이 [아일]이라고 발음하는데도, 왠지 내 발음은 원어민의 그것과 다르게 **'가벼워' 보인다**는 느낌이 드셨던 분도 계실 거예요. 이유는 바로 l 발음의 차이 때문입니다. 먼저 그것부터 보고 들어갈게요.

dark l 발음 방법

"미국에 가서 우유를 찾을 때는 '밀크'라고 하면 안 되고, '미역'이라고 해야 알아듣는다"라는 농담이 있습니다. 사실 이 말은 어느 정도 일리가 있는 말인데요, 영어의 milk는 '미역'의 발음과 실제로! 정말로! 닮아 있거든요. 그 이유는 바로 [l] 소리 때문입니다.

[l] 소리는 위치에 따라 두 가지로 나뉘어요.

초성 소리 l vs. 받침 소리 l

lion처럼 l이 모음 앞에 위치해서 **초성이 되면**, 우리말 **'라면'을 발음할 때와 동일한 'ㄹ'** 소리를 내 주면 됩니다.

그런데 이 l이 feel, cool처럼 모음 뒤에 와서 **받침이 되면 혀의 뒷부분**, 즉 목구멍에서 가까운 부분을 **들어올리면서** l 발음을 해 줘야 합니다. 이게 대체 무슨 말이냐고요?

'을'을 발음해 봅시다. 자, 그 상태에서 혀를 떼지 말고! '윽'으로 넘어가려고 해 보세요. '윽'으로 **끝까지 가지는 말고** 혀의 뒷부분이 올라가는 게 느껴지면 거기서 이동을 멈추고 소리를 들어 보세요. 지금 듣고 계신, 하고 계신 그 소리가 바로! 'dark l'이라고 불리는 소리입니다. 아주 살짝 '어' 소리가 들어가죠? 이제부터 우리는 받침으로 들어가는 모든 l 소리에 이 소리를 넣을 거예요. 표기는 앞으로 [엘]이라고 하겠습니다. cool[쿠엘] 이런 식으로요. 그러면 '방금 했던 그 발음으로 l을 소리 내는구나'라고 기억하고 해 주시기 바랍니다.

will 축약 발음 정리

	천천히 발음	빠르게 발음
I'll	[아이엘]	[아엘] / [엘] (= all)
You'll	[유엘]	[여엘]
He'll	[히엘]	
She'll	[쉬엘]	
* It'll	[이럴]	
We'll	[위엘]	
They'll	[데(th)이엘]	[데(th)엘]

- It'll의 경우, 중간 [t]가 flap t로 소리 나는데요, dark l이 [얼]처럼 발음되면서 '모음'의 성격 또한 가지기 때문입니다. 그래서 **It'll의 [t]가 모음 사이에 있는 것처럼 [이럴]**이라고 발음되는 거죠.

- 앞에서도 봤듯이, '천천히 발음' 칸과 '빠르게 발음' 칸의 발음 차이는 칼로 자른 듯 명확히 갈라지는 별도의 소리가 아니라, 약한 소리가 더 약해지다 보니 생기는 현상으로 이해하시면 됩니다.

- 이 외에 There'll, What'll, That'll처럼 there, what, that 등의 단어가 will을 만나 축약되면, 그 단어 뒤에 [얼]을 붙여 발음을 완성해 줍니다.

phrase

다음 짧은 구를 연습해 보세요

'천천히 발음'으로 연습합니다.

- ☐ **It'll be [이럴 비]**
  ~일 것이다

- ☐ **It'll rain [이럴 뤠인]**
  비가 올 것이다

- ☐ **I'll let you [아이얼 레츄/렡유]**
  네가 ~하도록 해 주겠다

- ☐ **I'll be home [아이얼 비 호움]**
  니는 집에 있을 것이다

- ☐ **She'll be here [쉬얼 비 히어r]**
  그녀는 여기로 올 것이다

- ☐ **You'll be able to [유얼 비에이블투]**
  너는 ~할 수 있게 될 것이다

- ☐ **She'll need to [쉬얼 니-투]**
  그녀는 ~할 필요가 있을 것이다

Week 3

- **You'll never know. [유얼 네버(v)r 노우]**
  너는 절대 이해 못 할 것이다., 누구도 알 수 없는 일이다.

- **He'll be doing [히얼 비 두잉]**
  그는 ~을 하고 있을 것이다

- **He'll find out [히얼 파(f)인다웉]**
  그는 알게 될 것이다

- **That'll do. [대(th)럴 두]**
  그것으로 충분하다., 그만해라.

- **We'll see [위얼 씨]**
  곧 보게 될 것이다, 알게 될 것이다

- **That'll help you [대(th)럴 헬쁘유]**
  그것은 너를 도울 것이다

- **what'll happen [워를 해쁜]**
  무슨 일이 일어날지

sentence

다음 문장을 연습해 보세요

- [ ] **It'll** be very hot this weekend.
  [이럴]
  이번 주말은 엄청 더울 것이다.

- [ ] Maybe **I'll** sleep in.
  [아이얼]
  나는 아마도 늦잠을 잘 것이다. * sleep in (계획적으로) 늦잠 자다

- [ ] **I'll** be cooking dinner.
  [아이얼]
  나는 저녁을 요리하고 있을 것이다.

- [ ] **She'll** be home by six.
  [쉬얼]
  그녀는 6시까지 집에 올 것이다.

- [ ] **You'll** need to tidy up before she comes.
  [유얼]
  그녀가 오기 전에 너는 집 정리를 해야 할 것이다.

☐ **There'll be some food and drinks.**
[데어(th)r얼]
음식과 음료가 있을 것이다.

☐ **We'll enjoy them together.**
[위얼]
우리는 그것들을 같이 즐길 것이다.

☐ **They'll be gone in no time.**
[데이(th)얼]
그것들은 눈 깜짝할 사이에 사라질 것이다. *in no time 금세, 금방

☐ **We'll be able to get a fresh start on Monday.**
[위얼]
우리는 월요일을 산뜻하게 출발할 수 있을 것이다.

☐ **That'll do for this weekend.**
[대(th)럴]
이번 주말은 그거면 충분하다.

conversation # 데이트 계획

대화로 들어가 보세요

A I asked her out, and she said yes! Finally! **It'll** be my first date!

B No way, dude! That's fantastic! When's the big date?

A This Saturday. But I have no clue what to do. I want to do something **that'll** really impress her.

B Don't sweat it. I know **you'll** find something fun **you'll** both enjoy.

A Something **we'll** both enjoy... Hmm.... But what if she doesn't like it?

B Just plan a simple date and give her a time, place, and activity. If she doesn't like the plan, **she'll** say something. Trust me. **She'll** appreciate you for telling her in advance.

A Thanks. I feel a lot better about this.

B Just smile and be yourself. **You'll** be fine.

A: 그녀에게 데이트 신청했는데, 성공했어! 드디어 첫 데이트야! B: 진짜? 대박! 데이트 언젠데? A: 이번 주 토요일. 그런데 뭘 해야 할지 전혀 감이 안 와. 뭔가 진짜 감동적인 걸 하고 싶은데 말이야. B: 걱정하지 마. 같이 즐길 수 있는 재밌는 걸 찾을 수 있을 거야. A: 둘 다 즐길 만한 거라… 그런데 싫어하면 어쩌지? B: 간단하게 데이트 계획을 세워서 시간, 장소, 뭐 할지 미리 말해 봐. 맘에 안 들면 얘기하겠지. 아마 미리 얘기해 줬다고 고마워할걸. A: 고맙다. 마음이 좀 놓인다. B: 그냥 웃는 얼굴로 네 모습을 보여 줘. 잘할 거야.

* Don't sweat it. 걱정하지 마.

DAY 17

원어민들의 찐 I'm going to 발음!

아이머나 헬쁘유
(?? help you)

Day17.mp3

현재 활동하는 가수 중 전 세계 수입 1위는? 바로 테일러 스위프트입니다. 그녀의 수많은 히트곡 중에서도 남녀노소 모두를 춤추게 했던 최고의 히트작 <Shake It Off>에서 그녀는 이렇게 말합니다.

바람둥이들(players)은 계속 수작을 부릴 거고(gonna play)
안티들(haters)은 계속해서 (날) 싫어하겠지(gonna hate)
난 계속 흔들 거야(gonna shake) 떨쳐 버릴 거야(shake it off)

미국에 테일러 스위프트가 있다면, 한국에는 BTS가 있죠! 한국 가요의 새로운 역사를 써 나가는 그들의 대표작 <Dynamite>에서 그들은 이렇게 말합니다.

(다이너마이트처럼 이 밤을) 환하게 밝혀 주겠어(I'mma light it up)

테일러 스위프트나 BTS뿐만 아닙니다. 가사에 gonna와 I'mma가 들어간 노래를 찾는 일은 전혀 어렵지 않은데요, 그만큼 흔히 쓰이는 이 gonna와 I'mma의 정체가 뭐냐고요? 바로 **~할 예정이다**의 뜻을 지닌 **(I'm) going to** 입니다! 어려워 보인다고요? Don't worry! I'm going to help you!(걱정하지 마세요! 제가 도와드릴게요!)

| **주의** | '~로 가고 있다'란 뜻의 going to는 해당하지 않습니다.

I'm going to의 대표적인 세 가지 발음

- **I'm gonna [아임거나]**

    제일 무난한 발음입니다. 아예 표기를 I'm gonna로 하기도 하죠. 앞에서도 봤듯이 I'm은 빠르게 말할 때 [암]이나 [엄]이 되기도 하기 때문에 **[암거나]**, 또는 **[엄거나]**로 발음되기도 합니다.

- **I'muna [아이머나]**

    원어민들이 일상생활에서 빠르게 얘기할 때 제일 흔하게 하는 발음입니다. gonna[거나]에서 [g] 발음조차 귀찮아서 빼 버린 것이죠.

- **I'mma [아이마]**

    '시도 때도 없이 하는 말, 최대한 간편하게 줄여 보자!'의 끝판왕이 바로 I'mma[아이마]입니다. 빠르게 말하는 원어민에게서는 흔하게 들을 수 있는 발음이지만, 이 발음은 **'듣기'를 위해서만** 알아 두세요. 영어를 배우는 사람들에게 따라하기를 권장하는 발음은 아닙니다.

만일 I'm going to를 편하게 발음하고자 한다면, **첫 번째와 두 번째 발음 중 하나**로 발음하세요. [아임 고잉 투/두]라고 정석대로 발음하는 것도 물론 가능합니다. ☺

phrase

다음 짧은 구를 연습해 보세요

연습은 I'm gonna[아임거나]와 I'muna[아이머나]로만 하겠습니다.

- **I'm going to go [아임거나/아이머나 고우]**
  나는 갈 것이다

- **I'm going to go out [아임거나/아이머나 고우 아울]**
  나는 밖으로 나갈 것이다, 나는 (~와) 데이트할 것이다

- **I'm going to date [아임거나/아이머나 데잍]**
  나는 데이트할 것이다

- **I'm going to ask him out [아임거나/아이머나 애ㅅ끼마울]**
  나는 그에게 데이트 신청을 할 것이다

- **I'm going to wear jeans [아임거나/아이머나 웨어r 쥔ㅈ]**
  나는 청바지를 입을 것이다

- **I'm going to wait [아임거나/아이머나 웨잍]**
  나는 기다릴 것이다

- **I'm going to order [아임거나/아이머나 오r러r]**
  나는 주문할 것이다

Week 3

- [ ] **I'm going to have [아임거나/아이머나 해ㅂ(v)]**
  나는 먹을 것이다

- [ ] **I'm going to talk [아임거나/아이머나 턱]**
  나는 얘기할 것이다

- [ ] **I'm going to listen [아임거나/아이머나 리슨]**
  나는 들을 것이다

- [ ] **I'm going to spend time [아임거나/아이머나 ㅅ뻰 타임]**
  나는 시간을 보낼 것이다

- [ ] **I'm going to pay [아임거나/아이머나 페이]**
  나는 계산할 것이다

- [ ] **I'm going to call [아임거나/아이머나 컬]**
  나는 전화할 것이다

 **sentence**

다음 문장을 연습해 보세요

☐ **I'm going to** go on a date tomorrow.
　나는 내일 데이트를 할 것이다.

☐ **I'm going to** look my best.
　나는 최고로 멋지게 꾸밀 것이다. * look one's best 가장 좋게/멋지게 보이다

☐ **I'm going to** show up on time.
　나는 약속 시간에 맞춰 도착할 것이다. * show up 나타나다

☐ **I'm going to** take her to a coffee shop.
　나는 그녀를 커피숍으로 데려갈 것이다.

☐ **I'm going to** have a latte.
　나는 라떼를 마실 것이다.

- □ **I'm going to** ask her what she's passionate about.
  나는 그녀에게 무엇에 열정을 가지고 있는지 물어볼 것이다.

- □ **I'm going to** listen and not interrupt while he's talking.
  나는 그의 말이 끝날 때까지 끼어들지 않고 들어 줄 것이다.

- □ **I'm going to** keep my phone away and in silent mode.
  나는 핸드폰을 무음으로 해 놓고 멀리 둘 것이다.

- □ **I'm going to** talk about what's going on in my life.
  나는 현재 내 삶에 일어나고 있는 일들에 대해 얘기할 것이다.

- □ **I'm going to** walk her home.
  나는 그녀를 집까지 걸어서 데려다줄 것이다.

conversation # 첫 데이트

대화로 들어 보세요

A Tell me about you. What do you like? What do you dislike?

B I like traveling a lot. I always try to go somewhere out of town.

A What was your favorite place to visit so far?

B Cambodia. Actually, **I'm going to** visit it again next month.

A Oh, my gosh! **I'm going to** visit Cambodia next month, too! What a coincidence!

B We're so meant to be! Where are you going in Cambodia?

A **I'm going to** look around Angkor Wat, which has been my dream for a long time. **I'm going to** stay with a local family, so I can't wait to experience their real life.

B That makes me want to know more about you.

A Ask away. I'm an open book.

A: 본인 얘기 좀 해 주세요. 뭐 좋아해요? 안 좋아하는 건요? B: 여행 엄청 좋아해요. 항상 나가려고 하죠. A: 그동안 다녔던 곳 중 어느 곳이 가장 좋았어요? B: 캄보디아요. 사실 다음 달에 다시 가요. A: 어머! 저도 다음 달에 캄보디아 가는데! 신기하네요! B: 우리 인연인가 봐요! 캄보디아 어디 여행하세요? A: 앙코르 와트 둘러볼 거예요. 거기 가 보는 게 오랜 소원이었거든요. 그리고 현지 가정집에서 머무를 거예요. 그들의 실제 생활을 체험해 볼 수 있어 기대돼요. B: 당신에 대해 더 알고 싶어지네요. A: 뭐든지 물어보세요. 저는 숨기는 거 없는 사람이에요.

* open book 비밀이 없는 사람

want to 대신 wanna, got to 대신 gotta

Day18.mp3

두유(Do you) 워너(want to) 빌더(build a) 스노우맨?

언어를 가장 '안전'하게 배우는 방법은 '아이들을 대상으로 만들어진 작품'을 보는 겁니다. '정확한 발음/빠르지 않은 속도/표준어 구사/비속어 금지' 등의 명확한 가이드라인을 지키며 만들어진 컨텐츠이니까요. 이 점이 영어를 공부할 때 '디즈니 애니메이션'을 추천하는 이유입니다.

그런데 이 디즈니 영화에서, 그것도 대사도 아닌 음절 하나하나 곱씹어 부르는 노래에서조차 want to를 wanna로 발음한다는 건, 무엇을 의미할까요? 이제 **wanna는 선택이 아닌 필수**라는 의미겠죠?

그리고 '가 봐야 해(gotta go[가라고우])' 등의 gotta 또한 디즈니 영화 대사에 자주 등장하는 단골 표현입니다. 이 두 가지를 같이 알아볼게요.

want to, have got to

영어에서 밥 먹듯 자주 쓰는 두 구문의 발음을 알아봅니다.

- **want to: wanna** [워너]
- **have got to: ('ve) gotta** [(ㅂ(v)) 가라]

want to는 '~하고 싶다'란 뜻으로, 일부러 천천히 말하거나 강조해야 하는 상황이 아닌 일반적인 상황과 속도에서는 90% 이상 want to[원투] 대신 wanna[워너]로 발음합니다.

have got to는 have to(~해야 한다)와 같은 뜻으로 일상생활에서 편하게 말할 때 주로 사용되는데요, 이 또한 '강조해서' 말을 하는 경우가 아니라면 1) have를 've로 축약하고 got to를 gotta로 변형한 **'ve gotta[ㅂ(v) 가라]**, 또는 2) 아예 have까지 생략하고 **gotta[가라]**로 발음하는 경우가 많습니다. 다만 이 말은 캐주얼한 상황에서만 사용하고, 공식적인 자리나 글에서는 피하는 것이 좋습니다.

phrase

다음 짧은 구를 연습해 보세요

- **want to know [워너 노우]**
  알고 싶다

- **want to eat [워너 잍]**
  먹고 싶다

- **want to go back [워너 고우백]**
  돌아가고 싶다

- **want to lose weight [워너 루ㅈ 웨잍]**
  살을 빼고 싶다

- **want to be around [워너비 어롸운ㄷ]**
  가까이 있고 싶다

- **want to be with [워너비 위ㄷ(th)]**
  ~와 함께하고 싶다

- **want to talk about [워너 터커바웉]**
  ~에 대해 얘기하고 싶다

☐ **want to make sure [워너 메잌슈어r]**
확실하게 하고 싶다

☐ **want to ask you [워너 애ㅅ뀨]**
너에게 물어보고 싶다

☐ **got to go [가라 고우]**
가야 한다

☐ **got to admit [가라 얻밑]**
인정해야 한다

☐ **got to see [가라 씨]**
~을 봐야 한다, ~ 좀 봐 봐

☐ **got to stop him [가라 ㅅ따쁨]**
그를 말려야 한다

☐ **got to understand [가라 언더r ㅅ땐ㄷ]**
이해해야 한다

sentence

다음 문장을 연습해 보세요

☐ **I want to** talk to you about something.
너랑 하고 싶은 얘기가 있어.

☐ But **I've got to** get home.
하지만 난 집에 가 봐야 해.

☐ **You've got to** see this.
이것 좀 봐 봐.

☐ **You've got to** be kidding me.
이거 지금 농담이지?

☐ Don't you **want to** say something about this?
이거에 대해 할 말 없어?

- **I've got to** admit it's kind of funny.
  웃기다는 건 인정해.

- I don't **want to** do anything about this.
  이것에 관련해서 아무것도 하고 싶지 않아.

- I really **want to** help you.
  정말로 너를 돕고 싶어.

- You don't **want to** do that.
  그러지 않는 게 좋아.(하지 마.)
  ↳ You don't want to do something은 그 행동을 하면 좋지 않은 결과가 있을 거라고, 간접적으로 상대방에게 충고/경고하는 표현입니다.

- I just **want to** be with my family now.
  지금은 그냥 가족들과 있고 싶어.

conversation # 연인끼리의 다툼

대화로 들어 보세요

A Did you see my message last night?

B Oh, about you and your boss? I'm sorry. I was completely exhausted by the time I got home.

A Was it so hard to say, "I **want to** talk to you tomorrow. Good night"?

B I can't always be available 24/7. You**'ve got to** see where I'm coming from as well.

A You barely even text me anymore. I **want to** be your priority like I used to be.

B You ARE my priority. It's just that I have my own stresses to deal with, too, you know.

A You**'ve got to** admit that you've changed.

B Come on. Really? Can we not do this again, please?

A: 어젯밤에 내가 보낸 문자 봤어? B: 아, 너랑 네 직장 상사 얘기? 미안, 어제 집에 왔을 때 나 완전 녹초였어. A: '내일 얘기하자, 잘 자.' 이런 문자도 못 보내? B: 매일 24시간 내가 대기할 수는 없는 거잖아. 내 입장도 이해를 해 줘야 하지 않아? A: 요즘은 나한테 문자도 거의 안 하잖아. 예전처럼 내가 너의 1순위였으면 좋겠어. B: 여전히 네가 내 1순위야. 그냥 나도 나만의 스트레스가 있다고. A: 너 변했어. 너도 인정할 건 인정해. B: 진짜 이런다고? 또 이러지 말자, 제발.

* see where someone is coming from (그 사람이 왜 그렇게 행동했는지) 그 사람의 입장을 이해하다

of를 원어민처럼 발음하는 방법

킹어더월드
(king of the world)

Day19.mp3

얼마 전 25주년을 맞아 재개봉했던 영화 <타이타닉(Titanic)>은 언제 봐도 '명작'이라는 수식어가 잘 어울리는 영화이죠. 이 영화의 명대사는 뭐니뭐니 해도, 뱃머리에서 디카프리오가 외쳤던 "I'm the king of the world!(나는 세상의 왕이다!)"일 것입니다.

그런데 혹시 이 대사를 주의 깊게 들어 본 적 있으신가요? 당연히 [킹 '어브더' 월드]이겠거니 생각하셨죠? 하지만 아닙니다! 소위 '귀가 안 트였다' 하시는 분들도 조금만 귀 기울여 들어 보면, 분명히 [킹 **어더 월드**]로 발음하고 있다는 걸 쉽게 알아챌 수 있을 거예요. **'못 듣기 때문에' 안 들리는 게 아니라, 실제로 그 발음을 '안 하고 있기' 때문에 안 들리는 겁니다!**

* 이해를 위해 발음은 보기 편하게 표기했습니다. 실제로는 [킹어더(th) 워r얼드]처럼 표기할 수 있습니다.

자음 앞에서 [v] 생략

of는 뒤에 자음이 따라올 경우, [v] 발음을 생략하고 [어]로만 발음할 수 있습니다. 예를 들어, a lot of money(많은 돈)를 말하는 방법은 두 가지가 있습니다.

① of를 모두 발음해서 [얼라러ㅂ(v) 머니]라고 하는 방법
② [v]를 생략하고 [얼라러 머니]라고 발음하는 방법

꼭 ②번과 같이 발음해야 하는 건 아니지만, 일상생활에서 굉장히 자주 들을

수 있기 때문에 기본적으로 알고 있는 것이 중요합니다.

관련해서 '약간', '다소'의 뜻으로 일상 회화에서 추임새처럼 많이 쓰이는 kind of 또한 같이 알아보겠습니다.

① 생략 없이 연음만 한 [카인더ㅂ(v)]
② of의 [v] 발음을 생략한 [카인더]
③ [d] 발음을 생략한 [카이너ㅂ(v)]
　↳ 'nt+모음'에서 [t] 발음이 생략되는 것처럼, nd에서도 (nt만큼 일관적이지는 않지만) 종종 [d]가 사라지는 현상이 나타납니다. 그래서 kind of[카이너ㅂ(v)]가 됩니다.
④ [d] 발음과 of의 [v] 발음을 모두 생략한 [카이너]

그럼 같이 연습해 볼까요? 😊

phrase

다음 짧은 구를 연습해 보세요

- **a lot of fun [얼라-러펀(f)]**
  많은 즐거움

- **love of my life [러버(v)마이 라이ㅍ(f)]**
  내 인생의 사랑

- **out of here [아우러히어r]**
  여기로부터 밖으로

- **afraid of dogs [어ㅍ(f)레이더 더ㄱㅈ]**
  개를 무서워하는

- **a bunch of people [어 번취어 피쁘얼]**
  한 무리의 사람들

- **in front of you [인 ㅍ(f)러너유]**
  당신 앞에

- **some of the money [썸어더(th)머니]**
  돈의 일부

☐ **a couple of days [어 커플러 데이ㅈ]**
2~3일, 며칠
↳ 사전상으로 a couple of days는 '이틀'이지만, 일상 회화에서는 a few days(며칠)와 같은 의미로 쓰입니다.

☐ **one of the reasons [워너더(th) 뤼즌ㅈ]**
이유 중 하나

☐ **all of my friends [얼-러마이 ㅍ(f)렌ㅈ]**
내 모든 친구들

☐ **out of nowhere [아우러 노우웨어r]**
어디선지 모르게 갑자기

☐ **kind of busy [카이너 비지]**
다소 바쁜

☐ **what kind of girl [윝 카이너버(v) 거r얼]**
어떤 여자

☐ **kind of hoping [카이너 호우삥]**
~을 약간 바라는

# sentence

다음 문장을 연습해 보세요

- [ ] I've been under **a lot of stress** lately.
  [얼라-러 ㅅ트레ㅅ]
  나는 최근 스트레스를 많이 받고 있다.

- [ ] We had **a lot of fun** together.
  [얼라-러펀(f)]
  우린 같이 즐거운 시간을 많이 보냈다.

- [ ] I loved her with **all of my heart**.
  [얼러마이하rㅌ]
  나는 온 마음을 다해 그녀를 사랑했다.

- [ ] We wanted different things **out of life**.
  [아우러 라이ㅍ(f)]
  우리는 삶에서 추구하는 것들이 달랐다.

- [ ] That's **one of the reasons**.
  [워너더(th) 뤼즌ㅈ]
  그게 이유 중 하나다.

☐ I was **kind of hoping** that he would come back.
[카이너 호우삥]

난 그가 다시 돌아오기를 바라는 마음이 약간 있었다.

☐ Just **wait a couple of months**.
[웨이러 커플러 먼쓰(th)ㅅ]

몇 달만 기다려 보세요.

☐ What **kind of girl** do you like?
[카이너 거r얼]

어떤 여자 좋아하세요?, 이상형이 뭐예요?

☐ We never **run out of things** to talk about.
[뤄나우러띵(th)ㅈ]

우리는 이야기할 소재가 떨어지지 않는다.

☐ He has a good **sense of humor**.
[센서 휴머r]

그는 유머 감각이 뛰어나다.

143

conversation # 이별 후유증

대화로 들어 보세요

A   What happened?

B   We broke up. I feel like I've lost my best friend and the love **of** my life.

A   I'm sorry to hear that.

B   It's been a long time coming. We both wanted different things out **of** life, and that caused a lot **of** stress.

A   All I can say is stay strong. You know: out **of** sight, out **of** mind. You'll get over this.

B   Thank you. I'm just scared **of** moving on.

A   I understand. It's **kind of** a natural process. It'll take time. Just wait a couple **of** months. You'll find yourself having a lot **of** fun.

B   Thanks, friend.

A: 무슨 일이야? B: 우리 헤어졌어. 제일 친한 친구와 내 인생의 사랑을 잃은 느낌이야. A: 아이고, 그랬구나. B: 사실 진작에 헤어질 거였지. 우린 삶에서 서로 원하는 게 달랐고, 그것 때문에 힘들었으니까. A: 그저 힘내라고밖에 못하겠다. 눈에서 멀어지면 마음도 멀어진다잖아. 잘 이겨 낼 거야. B: 고마워. 새롭게 시작하기가 두려워. A: 이해해. 자연스러운 과정인 것 같아. 시간이 걸릴 테지만, 두세 달만 지나면 다시 웃고 즐거워 할 때가 올 거야. B: 고마워, 친구.

* **a long time coming** 오랫동안 예견된/지체된, 진작에 일어났어야 했던   **move on** 이전 것에서 벗어나 새로운 것으로 넘어가다

Day20.mp3

DAY 20 | <what + do동사/be동사> 발음이 같다?!

<What are you = What do you>?

필자가 발음과 관련해서 꾸준히 받는 질문이 있습니다.

"선생님, 자막에는 what are you라고 나오는데, 전 아무리 들어도 what do you라고 들려요."

'이게 무슨 말인지 모르겠다' 하시는 분들은 한국에서 가장 핫한 팝 가수 중 한 명인 찰리 푸스의 <Attention>이라는 노래의 브릿지 부분을 들어 보시면 알 수 있습니다. What are you doing만 계속 반복해서 부르는 부분이거든요. 듣고 오셨나요? 위와 같은 질문이 나올 법하죠? 그렇다면 그 질문에 대한 대답을 아래에서 설명드려 볼게요.

what are you = what do you [워르유]

네! what do you와 what are you는 빠르게 발음할 때 똑같이 발음됩니다. 핵심은 동사의 변형에 있어요. 뒤따라오는 are, do의 발음을 [으] 정도로 간소화시키는 거죠. 그렇게 발음해도 알아듣는 데 지장이 없으니까요.

이는 what do you, what are you뿐만이 아닙니다. what 다음에 be동사나 조동사가 오면 비슷한 패턴을 보이는데요, 몇 개 더 예시를 들어 볼게요.

- what are they: [워르데(th)이]
- what did you: [워리쥬]

- what am I: [워르마이]
- what do I: [워루아이]
- what are we: [워르위]
- what does it: [워르짙]

자주 쓰는 구문들이기 때문에, 듣기에 지장을 주지 않을 정도로 편하게 변형한 예시들입니다.

'항상 이렇게 발음하세요'는 아니지만, 원어민이 위와 같이 발음했을 때 당황하지 않고 **알아들 수 있어야** 하고, 또한 **상황에 따라 변형**해서 편하게 발음할 수 있는 능력을 키우는 것이 중요합니다. ☺ 바로 문장으로 연습해 볼게요.

sentence

다음 문장을 연습해 보세요

what 다음에 나오는 조동사의 모음은 약하게 발음되지만, 그 다음 나오는 단어의 영향을 받아 발음에 약간씩 차이가 납니다.

- **What do you think?**
  [워르유]
  어떻게 생각해요?

- **What do you say?**
  [워르유]
  어떻게 생각해요?, 어때요?

- **What do you mean?**
  [워르유]
  무슨 말씀이세요?

- **What are you saying?**
  [워르유]
  무슨 말씀이세요?

- **What are you talking about?**
  [워르유]
  무슨 말 하는 거예요?

- **What are you up to?**
  [워르유]
  뭐 해요?

- **What are you doing here?**
  [워르유]
  여기서 뭐 해요?

- **What do you want to do?**
  [워르유]
  뭐 하고 싶어요?

- **What are you going to do?**
  [워르유 거나]
  뭐 할 거예요?

- **What did you do?**
  [워리쥬]
  뭘 했나요?

☐ **I'm sorry. What did you say?**
[워리쥬]
죄송해요, 뭐라고 하셨죠?

☐ **What am I supposed to do?**
[워르마이]
제가 뭘 해야 하죠?

☐ **What am I doing wrong here?**
[워르마이]
제가 여기서 뭘 잘못하고 있는 거죠?

☐ **What do I owe you?**
[워루아이]
얼마를 드리면 되죠?

☐ **What is he looking for?**
[워르지]
그는 무엇을 찾고 있나요?

- **What did he say about me?**
[워르리]
그가 저에 대해 뭐라고 말하던가요?

- **What does she know about it?**
[워르ㅈ쉬]
그녀는 그것에 대해 무엇을 알고 있나요?
  ↳ 빠르게 들으면 마치 does의 마지막 [z] 소리가 생략되는 것처럼 들리지만 [z] 발음이 아예 생략되는 것은 아니고, [르]와 [쉬] 사이에 아주 약하게 흔적처럼 남아 있기는 합니다.

- **What are they trying to do?**
[워르데(th)이]
그들은 뭘 하려고 하는 거예요?

- **What are we waiting for?**
[워르위]
뭘 기다리고 있나요?, 당장 합시다.

- **What does it say?**
[워르질]
거기 뭐라고 써 있어요?

conversation # 결혼 축하

대화로 들어 보세요

A I heard the news! Congratulations on your wedding!

B Thank you. We're so excited.

A So **what do you** guys want as a wedding gift?

C Hey, thanks for thinking about that! But we're not registered anywhere. We already live together, and we have pretty much everything we need right now.

A I get that. Then how about something personalized? Maybe a handmade item for the bride?

B What a lovely idea! That would be so special.

A **What are you** wearing on your big day?

B (showing a picture on the phone) This.

A Wow, you'll look gorgeous in that. I'll start making the gift today!

A: 소식 들었어! 결혼 축하해! B: 고마워. 너무 설레. A: 결혼 선물로 뭐 해 줄까? C: 어머, 생각해 줘서 고마워! 그런데 우리 선물 등록을 하지 않았어. 이미 같이 살고 있고, 필요한 거 이미 거의 다 있어서. A: 그렇구나. 그럼 개인적인 선물은 어때? 손으로 만든 신부용품 같은 거? B: 너무 사랑스러운 생각이야! 아주 특별한 선물이 될 것 같아. A: 결혼식에 뭐 입어? B: (핸드폰으로 사진을 보여 주며) 이거. A: 와, 그거 입으면 정말 눈부시겠는데. 오늘부터 만들기 시작할게!

* not registered 선물 등록을 하지 않은 (미국에서는 신랑 신부가 필요한 물건을 사이트에 미리 등록하면 하객들이 그 리스트를 보고 등록된 물건 중 하나를 골라 선물한다)

레오나르도 디카프리오의 인터뷰

배우 레오나르도 디카프리오는 '환경 운동가'로 유명합니다. 지구 환경을 위한 재단인 레오나르도 디카프리오 재단(Leonardo Dicaprio Foundation, LDF)을 직접 설립하기도 했죠. 그런데 야생 동물 보호에 그 누구보다 앞장서는 그이지만, 상어에 대한 두려움만큼은 극복하기 어렵다고 고백합니다.

They actually said, "In 30 years, this ***has** never happened." But the tuna **kind of[카이너]** got stuck on the **top of the[탑어더(th)]** cage, and the great white <u>leapt</u> out and tried to bite it and it went **into[인두]** the cage with me. And **half of[해퍼(f)]** its body was in and out, and I ***flattened** down at the bottom, and it was this far away, and it chomped a few times, but I survived it.

사람들(같이 갔던 NGO 관계자들)이 하는 말이 '30년 동안 한 번도 일어나지 않은 일'이라고 하더라고요. 철창 위에 참치가 끼었는데, 백상아리가 그걸 잡아먹으려고 뛰어올랐다가 저랑 같이 철창 안으로 들어와 버린 거예요. 백상아리의 몸 절반이 걸쳐져 있는 상태였고 저는 바닥에 누워 있는 상태에서 거리가 이만큼밖에 떨어져 있지 않은 상황이었어요. 저를 향해 입질을 몇 번 하기도 했는데, 어쨌든 전 살아남았어요.

* leapt 뛰어올랐다(leap의 과거형으로, 발음은 [렙트]입니다)

And the work that **they're[데(th)어r]** doing is great. **They're[데(th)어r]** protecting sharks as well. So, I don't **want to[워너]**...
(You don't **need to[니두]** go do that anymore.)

I don't **want to[워너]** do that anymore. But, you know, I don't **want to[워너]** discount their work, 'cause **they're[데(th)어r]** doing great stuff. But it was absolutely terrifying.

그들이 하고 있는 일은 대단한 일이에요. 상어도 물론 보호하죠. 그래서 저는…
(굳이 본인이 가서 다시 그 일을 하고 싶지는 않다는 거군요.)
다시는 하고 싶지 않아요. 그렇지만 그들의 일을 폄하하고 싶지는 않아요. 왜냐하면 그들이 하고 있는 일은 정말 대단한 일이기 때문이죠. 하지만 정말 무서운 경험이었어요.

* discount (~의 가치, 중요성을) 무가치한 것으로 치부하다, 무시하다

발음 포인트

* has

여기서에서의 has는 [이з] 또는 [으з]처럼 들립니다. (이에 관해서는 Day 26에서 다룹니다.)

* flattened

flattened는 [t] 발음이 코 막힌 [은] 소리처럼 들리는데요, 바로 Day 12에서 배웠던 glottal t 소리입니다.

재미로 읽는 문화 Tip

미국인들의 데이팅 문화

필자가 약 6년 전에 한국에 잠시 파견 온 미국 교포 출신의 검사-변호사 부부의 한국어 과외를 담당한 적이 있습니다. 수업을 하면서 자연스럽게 두 사람의 만남과 결혼에 대한 스토리를 듣게 되었는데요, 그들의 첫 만남은 소개팅이나 결혼정보회사가 아닌 '데이팅 앱을 통해서'였다고 했습니다. 당시만 해도 '온라인 만남'에 대한 인식이 좋지 않았던 때라, 속으로 꽤나 놀랐던 기억이 납니다.

미국에서는 꽤 오래전부터 '온라인 만남'이 연인을 만나는 가장 흔하고 일반적인 방법으로 자리를 잡았습니다. 우리가 메신저 프로필을 신경 써서 꾸미듯 미국의 싱글들은 데이팅 프로필을 어떻게 꾸밀 것인가가 큰 관심사입니다. 이와 관련해서 재미있는 프로필 문구들을 모아 봤습니다. 눈길을 끌 수 있는 프로필 문구! 어떤 것들이 있는지 살펴볼까요?

- **Your next mistake.**
  날 만나는 건 당신 인생의 다음 실수.

- **The reason you're about to delete this app.**
  나를 만나면 곧 이 앱을 지우게 될 거다.(다른 사람이 필요 없게 될 거다.)

- **If this doesn't work out, at least we'll both gain an Instagram story viewer forever.**
  설사 연인이 되지 않더라도 서로의 영원한 인스타 팔로워를 얻게 될 거다.

- Not the best at bios but great at dates.
  프로필은 잘 못 쓰지만 데이트는 끝내주게 잘해.

- I'm the guy your mom warned you about. But, hey, we both know you never listened to her.
  나는 당신의 어머니가 만나지 말라는 유형의 남자야. 근데, 엄마 말 들은 적 없지 않아?

- Not a serial killer.
  연쇄 살인마 아님.

- Pro: loves animals / Con: may steal your pets
  장점: 동물을 좋아함 / 단점: 당신의 애완동물을 훔칠지도 모름

- For the love of God, someone please date me so I can stop bringing my mom to costume parties.
  제발 누가 저랑 데이트 좀 해 주세요. 더 이상 엄마랑 코스튬 파티 가기 싫어요.

- If we matched, I already told my mom about us. The whole family is ready to meet you.
  우리가 매칭이 되면 난 이미 우리 엄마한테 우리에 대해 얘기했을 거야. 우리 가족은 당신을 만날 준비가 되어 있어.

- Looking for a future ex-wife.
  미래의 전처 구함.

자료 출처: fashionbeans / cosmopolitan

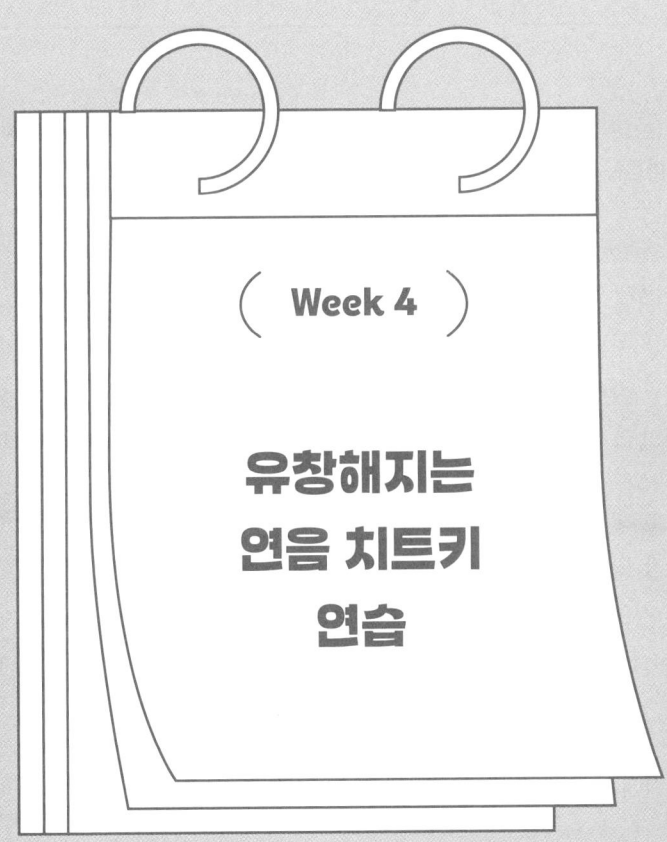

Week 4

유창해지는 연음 치트키 연습

영어 리듬 몸에 익히기

"사고 치기 좋아하는 애들이라고?"

Day22.mp3

문장도 맞게 했고 틀린 발음도 없었는데, **왜! 도대체 왜! 원어민들은 내 영어를 못 알아듣는 거야!!** 하시는 분들 주목하세요!

할리우드 영화 <블랙 팬서(Black Panther)> 1편은 부산 촬영신이 들어가 국내에서 큰 화제가 되었던 영화입니다. 그런데 영화 개봉 후 의외로 큰 주목을 받았던 것이 또 있죠. 바로 한국인을 연기한 배우의 '한국말 같지 않은 한국말'이었습니다. 자막 없이는 도통 알아들을 수 없었던 문제의 그 대사 "사고 치기 좋아하는 애들이라고?"를 분석해 보겠습니다.

직접 말해 보세요. "사고 치기 좋아하는 애들이라고?" 특별히 강조되는 글자가 있나요? 굳이 꼽자면, 첫 시작 글자인 '사', 그리고 끝 글자인 '고' 정도일 거예요. (표준말 기준) 하지만 '사'에 힘이 살짝 더 들어가고 '고'에서 피치(pitch)가 올라가긴 해도, 특별히 그 글자들이 다른 글자에 비해 길게 발음되는 것은 아닙니다.

그런데 이 외국 배우는 이렇게 발음합니다.

사고 **치**기 좋아하는 (애들이라)**고**?

강조를 두는 지점도 어색할 뿐더러, 강조하는 글자와 아닌 글자 간의 차이가 너무 두드러져서 이상하게 들리죠. 이 대사 처리의 가장 큰 문제점은 바로 전혀 **한국어스럽지 않은 억양**이었습니다.

영어 리듬이란

한국어는 글자나 단어 간의 강세 차이가 크지 않고, **모든 글자를 같은 속도로 발음하는**(syllable-timed) 언어입니다.

반면, 영어는 강세에 따라 소리가 달라져야 합니다.

① If you want **to**. 네가 그러고 싶다면.
② I'm going **to** the store. 나는 가게에 가는 중이다/갈 것이다.

위 두 문장에서 두 개의 to는 같은 단어지만 소리 나는 **길이**, 말할 때의 **높이**(pitch), 심지어 **음가**(소리)도 차이가 납니다.

왜 그런 걸까요? 쉽게 설명해 보죠. 네 박자 구령에 맞추어 행진하는 악단이 있다고 해 볼까요? 만일 구령이 '하나하고, 둘, 셋, 넷' 이런 식이더라도 박자의 전체 길이는 변함이 없어야겠죠? 그러기 위해서는 상대적으로 글자 수가 많은 '하나하고'에 들어가는 각각의 소리 길이가 줄어들어야 하는데요, 래퍼가 아닌 이상 각 글자에 같은 에너지를 쓰면서 소리 길이만 줄이기는 쉽지 않아요. **자연스럽게 음의 높이도 낮아지고 발음 또한 느슨해지기 마련이죠.** 영어가 바로 이런 원리(stress-timed)입니다.

이처럼 영어는 한국말과 태생부터 다르기 때문에 꾸준히 연습해야 합니다. 먼저 오늘은 리듬 개념을 잡을 수 있는 연습을 집중해서 해 볼게요.

English rhythm practice

리듬 연습을 해 보세요

각 네 문장을 모두 같은 시간 안에 말합니다.

☐ **비가 온다 (강조되는 부분: rain, fall)**

Rain falls.   The rain falls.
The rain will fall.   The rain will be falling.

↳ 핵심 단어에서 단어가 하나씩 추가됩니다. 하지만 추가되는 단어들이 전체 말하는 시간에 변화를 주지 않도록 강약을 조절해 주세요. 그러려면 **강조되지 않는 단어들인 the, will, will be를 최대한 짧고, 낮게 발음**해 주셔야 합니다.

☐ **눈이 녹는다 (강조되는 부분: snow, melt)**

Snow melts.   The snow melts.
The snow will melt.   The snow will be melting.

☐ **바람이 분다 (강조되는 부분: wind, blow)**

Wind blows.   The wind blows.
The wind will blow.   The wind will be blowing.

☐ **햇빛이 비치다 (강조되는 부분: sun, shine)**

Sun shines.   The sun shines.
The sun will shine.   The sun will be shining.

- [ ] **천둥이 울린다 (강조되는 부분: thunder, rumble)**

    Thunder rumbles.
    The thunder will rumble.

    The thunder rumbles.
    The thunder will be rumbling.

- [ ] **얼음이 얼다 (강조되는 부분: ice, form)**

    Ice forms.
    The ice will form.

    The ice forms.
    The ice will be forming.

- [ ] **안개가 끼다 (강조되는 부분: fog, roll in)**

    Fog rolls in.
    The fog will roll in.

    The fog rolls in.
    The fog will be rolling in.

- [ ] **비가 그치다 (강조되는 부분: rain, let up)**

    Rain lets up.
    The rain will let up.

    The rain lets up.
    The rain will be letting up.

conversation # 더운 날씨에 관한 스몰 토크   대화로 들어 보세요

A   Whew. It's scorching out there today, isn't it?
B   Tell me about it! I feel like I'm melting in this heat.
A   Definitely. I heard it's supposed to get even hotter tomorrow.
B   Ugh. Don't remind me. I might have to spend the whole day at the pool.
A   That sounds like a plan! I wish I could join you, but I'll be stuck in the office all day.
B   Bummer. Well, at least you'll have AC.
A   True. Thank goodness for air conditioning.
B   Let's hope this heatwave doesn't stick around for too long.
A   Agreed. Stay cool out there.
B   You, too! Take care.

A: 어후, 오늘 타들어 갈 것 같이 더운 날씨다. 안 그래? B: 그러게 말이! 더위 때문에 녹아 버릴 것 같아. A: 진짜. 내일은 더 덥대. B: 으, 생각도 하기 싫어. 내일은 그냥 하루 종일 수영장에 죽치고 있어야겠다. A: 그거 좋은 생각이다! 나도 그러고 싶은데 나는 하루 종일 사무실에 처박혀 있어야 해. B: 이런. 뭐, 그래도 에어컨은 틀어 주잖아. A: 그건 그렇지. 에어컨이 있어 다행이야. B: 이 폭염이 오래 가지 않아야 할 텐데. A: 그러게 말이야. 더위 조심해. B: 너도! 건강 조심해.

* scorching 태워 버릴 듯 매우 더운 Tell me about it. 그러게 말이야.(상대방의 말에 동의하는 말)
  heatwave 폭염

DAY 23

약한 모음은 슈와(schwa)로 발음하자

허배나(Havana), 우-나나!

Day23.mp3

영화 속에 들어온 듯한 착각을 불러일으키는 도시인 쿠바의 수도 아바나 (Havana). 많은 영화와 노래의 배경이 된 이 매력 넘치는 도시 이름을 본토 스페인식으로 발음하면 또박또박 '하바나'입니다. 그런데 이 단어가 영어로 넘어오면 갑자기 강세가 'va'에 들어가면서, [허배너]/[허배 나]가 됩니다.

여기에는 다 이유가 있습니다. 앞에서 박자 맞추기 연습 해 보셨죠? 강세가 들어가지 않는 단어는 빨리 발음해야 한다고 했는데, 그게 말처럼 쉽지는 않으셨을 거예요. 그런데 이는 원어민도 마찬가지입니다. 그래서 자연스럽게 생긴 현상이 있는데요, 바로 **힘을 빼고 빨리 발음할 수 있는 만능 모음**이 등장한 거죠. 그 모음의 이름이 바로 **슈와(schwa)**입니다.

그거 아세요? **영어에서 가장 흔한 소리가 바로 '슈와'**라는 사실 말이에요. 슈와는 영어 소리의 약 30%를 차지한다고 합니다. 오늘은 학교에서는 배울 수 없었던, 그렇지만 실제 영어에서 가장 흔한 모음인 이 '슈와'에 대해 알아보겠습니다.

슈와의 발음 방법

슈와는 **힘을 뺀 [어] 발음**입니다. 아무 생각 없이 멍 때리고 있는데 누가 뭘 물어보면 "어…"라고 나도 모르게 소리를 내뱉게 될 때 있죠? 딱 그 정도의 긴장만 가지고 하는 발음이 [ə] '슈와'입니다.([ə]는 슈와의 발음기호입니다. 가장 흔한 모음이니만큼 이것만큼은 기억하고 계시면 앞으로 영어 공부할 때 도움이 많이 될 거예요.)

구체적으로 예를 들면, about[어바울]에서 앞 a 소리인데요, 그런데 이렇게만 말하면 많은 분들이 butter[버러r]를 발음할 때의 [어]처럼 발음하려고 합니다. 하지만 butter의 [어]는 입을 더 벌리고 발음해야 하고, 슈와는 그보다는 **'입을 다물고 짧게 낸다'고 생각**해야 제대로 된 발음이 나옵니다. about은 강세가 [바울]에 있잖아요. 그래서 [어]는 속으로 말하고 [바울]만 내뱉는다는 마음으로 하면 [어] 소리가 아주 살짝 들어가죠? 그 발음이 바로 '슈와'입니다. **슈와는 a뿐만 아니라 강세를 받지 않는 모든 모음에 적용**됩니다.

- e → system [씨스떰]
- i → possible [파써블]
- o → today [트데이]
- u → virus [바(v)이러스]

* 슈와의 표기는 이렇게 정리합니다. (글자 자체보다 '느낌'을 기억해 주세요.)
슈와 소리는 '어' 소리와 비슷하지만 그보다 더 입을 다물고 발음하기 때문에 '으' 비슷하게 들리기도 합니다. 기본적으로 '어'로 표기하되, 단어와 상황에 따라 '어'와 '으'를 섞어 표기하도록 하겠습니다.

발음이 어렵지는 않지만 그간 해 오던 발음을 문장 내에서 무의식적으로 바꿀 수 있으려면 꾸준한 연습이 필요합니다. 따라서 며칠에 걸쳐 연습을 해 보겠습니다. 일단 오늘은 한 단어 안에서의 슈와 소리(원래부터 모음이 슈와인 경우)를 연습해 보고, 이후 문장 안에 있을 때 슈와로 변형될 확률이 높은 대표적인 단어들을 연습해 보도록 하겠습니다. 이렇게만 연습해도 발음이 획기적으로 달라지는 걸 경험하실 수 있을 거예요!

phrase

다음 짧은 구를 연습해 보세요

butter의 [어]와 같은 발음으로 발음되는 경우와 슈와로 발음하는 경우를 구별해 보세요. ([어] vs 슈와)

☐ **un**der [언더r] vs. a**round** [어롸운드]
~ 아래에   ~ 주위에

☐ **mus**tard [머스떠rㄷ] vs. **Christ**mas [크리스머스]
겨자   크리스마스

☐ **cus**tom [커스떰] vs. **fo**cus [포(f)꺼스]
관습   집중하다

☐ **ul**timate [얼티밑] vs. **real**ly [뤼얼리]
궁극적인   정말로

☐ **muf**fin [머핀(f)] vs. **mem**ory [메머리]
머핀   기억

☐ **tun**nel [터널] vs. to**night** [트나잍]
터널   오늘밤

Week 4

☐ **summer [써머r]** 여름	vs.	**success [석쎄ㅅ]** 성공하다
☐ **supper [서뻐r]** 저녁 식사	vs.	**suppose [서포우ㅈ]** 생각하다, 추정하다
☐ **Monday [먼데이]** 월요일	vs.	**moment [모먼ㅌ]** 순간
☐ **rundown [런다운]** 요약	vs.	**parent [페어런ㅌ]** 부모
☐ **nuts [너ㅊ]** 견과	vs.	**minus [마이느ㅅ]** ~을 뺀, 영하의
☐ **further [퍼(f)r더(th)r]** (거리상) 더 멀리에	vs.	**forget [퍼(f)r겔]** 잊다
☐ **someone [섬원]** 어떤 사람	vs.	**awesome [어썸]** 엄청난

sentence

다음 문장을 연습해 보세요

- ☐ It's freezing to day.
  [트데이]
  오늘은 날씨가 매우 춥다.

- ☐ It's mi**nus** 10 degrees.
  [마이느ㅅ]
  영하 10도이다.

- ☐ This cold front is **su**pposed to last long.
  [서포우ㅈ]
  이번 한파는 오래 간다고 한다.
  * cold front 한파 be supposed to (사람들이) ~라고 한다, ~라고 알려져 있다

- ☐ I have lot of good me**m**ories of winter.
  [메머리ㅈ]
  난 겨울에 관한 좋은 추억이 많다.

- ☐ I find snow rea**ll**y beautiful.
  [뤼얼리]
  나는 눈이 정말 아름답다고 생각한다.
  * find ~라고 여기다, ~라고 생각하다

Week 4

☐ **I enjoy silence when I go outside.**
[싸일런ㅅ]
밖에 나갔을 때의 고요함을 즐긴다.

☐ **Christmas is my favorite holiday.**
[크뤼ㅅ머ㅅ] [할러데이]
크리스마스는 내가 제일 좋아하는 휴일이다.

☐ **I love my family coming together.**
[패(f)믈리] [트게더(th)r]
나는 가족들이 모이는 것이 좋다.   * come together 모이다

☐ **My parents used to surprise me with little treats.**
[페어런ㅊ] [서r프라이ㅈ]
우리 부모님께서는 작은 선물로 나를 놀래켜 주곤 하셨다.
　↳ surprise의 sur는 Sir, her과 같이 입을 벌리고 [어r] 발음을 하기보다 s와 r 사이에 모음이 없는 것
　　처럼 발음하고 prise에 강세를 두세요

☐ **What's your favorite winter activity?**
[페(f)이버(v)릿] [액티버(v)티]
가장 좋아하는 겨울 활동은 무엇인가요?

conversation # 추운 날씨에 관한 스몰 토크   대화로 들어 보세요

A Brr. It's freezing **today**, isn't it?

B Tell me **about** it! I'm all bundled up.

A Same here. It's like we skipped fall **altogether**.

B I wouldn't mind a bit of snow though. It would make it feel more festive.

A True. But I'm not looking forward to the icy sidewalks and the **slippery** roads.

B Good point. Safety first, I **suppose**. Maybe we can just enjoy cozy indoor **activities** instead.

A **Absolutely**! Hot cocoa, blankets, and a good book sound like the perfect plan.

B I couldn't **agree** more. Let's make the most of this cold weather.

A **Agreed**. Stay warm out there!

A: 으, 오늘 정말 춥네요. B: 그러게 말이에요! 둘둘 싸매고 나왔어요. A: 저도요. 가을을 아예 건너뛴 것 같네요. B: 그래도 전 눈이 조금 오면 좋을 것 같아요. 축제 분위기도 나고. A: 그렇긴 한데 길이 얼고 도로가 미끄러워지는 건 싫어요. B: 맞는 말씀이네요. 안전이 최우선이어야 하니까요. 대신 그냥 아늑하게 실내에서 보내는 것도 좋을 것 같아요. A: 맞아요! 따뜻한 코코아에 담요 두르고 좋은 책 읽는 게 최고죠. B: 진짜요. 추운 날씨를 최대한 즐겨 보자고요. A: 네, 따뜻하게 하고 다니세요!

* bundle up 껴입다 I wouldn't mind ~면 좋겠다 I suppose ~일 것이다(불확실한 생각을 표현) make the most of ~을 최대한 활용하다, 즐기다

슈와로 발음하는 습관을 들이면 좋은 단어들 (1)

트릭커r 트릿
(Trick 'r Treat)

'할로윈'은 공포 영화의 배경이나 소재로 자주 등장합니다. 범인이나 혼령이 복장 속에 정체를 숨기기 딱 좋으니까요. 보통 영화는 분장한 아이들이 집집마다 돌아다니며 사탕을 구하는 장면에서 시작합니다. 이때 외치는 말이 "Trick or treat!"인데요, '사탕을 주지 않으면 장난을 치겠다!'라는 뜻이죠.

아예 이 제목으로 나온 <Trick 'r Treat>이란 공포 영화도 있습니다. 왜 or가 아니라 'r이냐고요? 이는 or를 소리 나는 대로 쓴 표기입니다. **Trick or treat!은 세 박자가 아니라 두 박자** 문장입니다. 즉, trick과 treat에 정박이 들어가고 or는 약하게 발음해야 하죠. 따라서 실제 발음은 trick or → tricker[트릭커r]처럼 소리 납니다.

모음이 문장 내에서 슈와로 '변하는' 경우는 매우 흔합니다. 오늘은 평소에 이렇게 변형될 확률이 높은, 즉 약하게 발음될 가능성이 높은 대표적인 단어들을 소개해 드리겠습니다. 그런데 **중요한 건 '슈와로 발음하냐 아니냐'가 아닙니다.** 해당 단어들을 **약하고, 빠르고, 낮은 피치(pitch)로** 발음해서 **'문장 전체의 리듬을 살리는 것'이 중요**한 거예요. 슈와는 리듬을 돕기 위한 부수적인 개념일 뿐이고요. 따라서 문장의 리듬을 항상 최우선으로 두고 연습하시기 바랍니다.

and, or, for, to, at

구체적인 예시들과 함께 하나씩 살펴보겠습니다.

- **and: [앤드] → [앤] → [은]/[언]**
    ① bread and butter: [브레ㄷ 앤ㄷ 버러r]
    ② bread and butter: [브레댄 버러r] (and에서 d 생략)
    ③ bread and butter: [브레든버러r] (모음을 슈와로 변형)

- **or: [오어r] → [어r]**
    ① one or two: [원 오어r 투] / [워노어r 투]
    ② one or two: [워너r투]

- **for: [포(f)어r] → [퍼(f)r]**
    ① for me: [포(f)어r 미]
    ② for me: [퍼(f)r미]

- **to: [투] → [트]/[터]**
    ① you have to do: [유 해ㅂ(v) 투 두]
    ② you have to do: [유해ㅂ(v)트두]

- **at: [앹] → [엍/읕]**
    ① at 2 o'clock: [앹 투 어클락]
    ② at 2 o'clock: [엍/읕 투 어클락]

이 외에도 영어에서 자주 접할 수 있는 **접속사, 전치사, 관사(but, because, some, from, the 등등)는 약하게 발음되는 경우가 많습니다.** 반드시 슈와로 변형해야 하는 건 아니지만, 원래의 발음을 너무 강조해서 발음하지 않도록 주의해 주세요.

또한, 이런 단어들이 문장 맨 마지막에 오면 원래의 발음 그대로 해 주어야 한다는 것도 알아 두시기 바랍니다.

㉠ Who are you waiting **for**? **[포(f)어r]** 누구를 기다리나요?

phrase

다음 짧은 구를 연습해 보세요

- [ ] **bits and pieces [비츠 피씨ㅈ]**
  잡동사니, 이런저런 것들

- [ ] **more and more [모어른 모어r]**
  더욱 더, 점점 더 많은

- [ ] **neat and tidy [닡은타이디]**
  단정한, 말끔한
  ↳ 여기서의 neat and은 앞에서 봤던 glottal t로 발음되는 경우가 흔합니다.

- [ ] **cuts and bruises [컷츤 브루지ㅈ]**
  긁히고 멍든 상처

- [ ] **a year and a half [어 이어르너해ㅍ(f)]**
  1년 반

- [ ] **this or that [디(th)서r 댙(th)]**
  이것 아니면 저것

- [ ] **brothers or sisters [브러더(th)r저r 시ㅅ터rㅈ]**
  형제나 자매

Week 4

- **coffee or tea [커피(f)어r티]**
  커피나 차

- **win or lose [위너r루ㅈ]**
  이기든 지든

- **for sure [퍼(f)r 셔r] / [퍼(f)r 쇼어r]**
  확실히

- **for days [퍼(f)r 데이ㅈ]**
  며칠 동안

- **things to do [띵(th)ㅅ 트두]**
  할 일

- **love to talk to you [러ㅂ(v)트턱트유]**
  너와 이야기하고 싶다

- **Can we at least ~? [캐뉘일리ㅅㅌ]**
  적어도 우리가 ~할 수 있나요?
  ↳ 빠르게 발음하면 at이 앞 we의 영향을 받아 [윝]처럼 발음되는 경우가 흔합니다.

 **sentence** 다음 문장을 연습해 보세요

□ What **happened to her**?
[해쁜트허r] / [해쁜드허r]
그녀에게 무슨 일이 생겼나요?
↳ Day 13에서 to가 마치 do처럼 소리 난다고 배운 바 있습니다. 그런데 정확히는 [두]가 아니라 슈와 발음을 잇은 [드]가 되어야 합니다. to에서 [ㄷ] 소리가 난다는 것 자체가 그만큼 '약하게 발음한다'는 반증이니까요.

Week 4

□ I was just **about to** ask you.
[어바웃트]
막 물어보려던 참이었어요.

□ It takes me an hour to watch that show, **give or take**.
[기버(v)r 테이크]
그 프로그램을 보는 데 대략 1시간 정도 걸린다.

□ I've never seen anything like this **before**.
[버포(f)어r]
이런 건 처음 봐요.

□ She seemed so **nice and kind**.
[나이슨 카인ㄷ]
그 여자 참 사람 좋아 보이던데요.

175

- [ ] **I'm so sick and tired of it.**
  [씨낀타이어rㄷ]
  전 그것이 너무 진절머리가 나요.
  ↳ sick의 영향을 받아 여기서의 and는 [인]과 비슷하게 소리 나는 경우가 많습니다.

- [ ] **She doesn't have any brothers or sisters.**
  [브러더(th)r저r]
  그녀는 형제 자매가 없어요.

- [ ] **I feel sorry for her.**
  [퍼(f)r 허r]
  그녀가 참 안됐어요.

- [ ] **This is for you.**
  [퍼(f)r유]
  당신을 위한 것이에요.

conversation # 넷플릭스 프로그램   대화로 들어 보세요

A Hey. Have you seen that new show on Netflix?

B Yeah, I just binge-watched **the** whole season over **the** weekend.

A No way! Was it as good as they say?

B Even better! I was hooked **from the** first episode. **The** characters **and the** story were fantastic.

A Wow, it sounds like I need **to** add it **to** my watchlist ASAP.

B Trust me. You'll finish it in one **or** two days.

A Thanks **for the** recommendation! I'm always looking **for** a new show **to** dive into.

B Anytime! Let me know what you think **because** I'm dying **to** discuss it with someone.

A: 야, 너 그 넷플릭스 새 시리즈 봤어? B: 어, 주말 동안 몰아서 시즌 전체를 다 봤어. A: 정말? 진짜 소문대로 재미있어? B: 소문보다 훨씬! 첫 화부터 몰입감이 장난 아니야. 캐릭터며 스토리가 최고였어. A: 와, 나도 얼른 봐야겠는데. B: 장담하는데, 하루 이틀 만에 다 끝내게 될 거야. A: 추천 고마워! 난 항상 새롭게 몰두할 프로그램을 찾고 있거든. B: 언제든지! 그리고 넌 어떻게 봤는지 얘기해 줘. 그 프로 본 사람이랑 수다 떨고 싶어서 입이 근질근질해.

* binge-watch 몰아서 보다, 정주행하다 No way! 설마!, 그럴 리가! as ~ as they say 소문대로 ~한 hooked 푹 빠진 dive into 몰두하다

슈와로 발음하는 습관을 들이면 좋은 단어들 (2)

Day25.mp3

유 어r 나럴로운
(You are not alone.)

이번엔 동사로 넘어가 보겠습니다. can, must 같은 **조동사**, am, are, is 등의 **be동사**는 문장 내에서 '핵심 의미'보다는 **보조적인 역할**을 할 때가 많기 때문에 보통 약하게 발음됩니다.

오늘은 그 중에서도 특히 '평소에 슈와로 변형해서 발음해 보세요' 하고 **강력 추천**드리고 싶은 단어 두 개를 알려 드리려고 합니다. 바로 are과 can입니다.

are [어r]

나른 be동사, 조동사보다도 are 발음을 슈와로 변형하면 발음이 정말 많이 다르게 들립니다! 그야말로 **발음이 좋아 보이게 만드는 '핵심 치트키'**이죠!

be동사는 가장 기본이 되는 동사로, 영어에서 사용 빈도가 제일 높습니다. am이나 is의 경우, I'm[아임]이나 Guy's[가이즈]와 같이 아예 축약해서 말하는 경우가 많습니다. 이 경우 원래의 모음이 사라지죠.

반면 are의 경우는 축약이 되든 안 되든, er[어r]이라는 발음을 남깁니다. 존재감이 분명하죠? 😊

- They're: [데(th)어r / 더(th)r]
- Guys are: [가이즈 아r] → [가이저r]

단, 주의할 점은 천천히 또박또박 말하면서 are만 슈와로 발음하면 오히려 어색하게 들릴 수 있다는 거예요. **슈와로 발음할 때는 앞 단어와 붙여서**, 즉 [가이즈 어r]가 아니라 [가이저r] 이런 식으로 발음해야 합니다.

제가 슈와를 어떻게 발음해야 하는지 보여 드리고 싶을 때 추천하는 영상이 있습니다. 영원한 팝의 황제 마이클 잭슨의 <You Are Not Alone>의 뮤직비디오인데요, '노래'라는 특성 덕분에 슈와 발음을 천천히, 그것도 클로즈업 해서 입 모양까지 자세히 볼 수 있는 귀한 영상입니다.

그 영상을 보면, are 부분에서의 **입의 움직임이 최소화**된 걸 보실 수 있을 거예요. 그리고 굉장히 **짧게** 발음되는데요, 그러다 보니 일부러 내려고 해서 내는 소리가 아니라 마치 지나가는 소리처럼 [어r]가 들립니다. 이제 어떤 느낌인지 아시겠죠?

can [큰]

다음은 can 발음을 살펴볼게요. are 발음이 '치트키'라면 can 발음은 '필수'에 가깝습니다.

can't의 발음이 세 가지였던 것 기억하시나요? (Day 12 참고)

- [t]를 소리 낸다
- glottal t로 발음한다
- [t]를 생략한다

'그런데 can't에서 [t]를 생략하면 can과 어떻게 구분하지?'라는 의문이 드실 겁니다. can과 can't는 반대의 뜻이기 때문에 헷갈리면 큰일이니까요. 하지만 그런 걱정은 하실 필요 없습니다. 왜냐하면 일반적으로 긍정의 의미인 can은 [캔]으로 발음하는 경우보다, 모음을 슈와로 변형한 [큰]으로 발음하는 경우가 더 흔하거든요. 반면 부정의 의미인 can't의 경우 [t] 발음을 생략해서 [캔]으로 발음해도, can처럼 모음을 슈와로 약화해서 발음하지 않기 때문에 **원어민들은 [큰]은 can, [캔]은 can't로 구분해서 이해**합니다.

sentence 다음 문장을 연습해 보세요

- What **are** some tips to save money?
  경비를 줄일 수 있는 팁은 뭐가 있나요?

- Airfares **are** cheaper during the off season.
  비행기 요금은 비수기 때가 더 저렴하다.

- Costs **are** higher post-COVID.
  코로나 기간이 끝나고 가격이 높아졌다.

- Here **are** my thoughts on that.
  그것에 대한 제 생각은 이렇습니다.

- Flights **are** the biggest issue.
  비행기가 가장 큰 문제다.

☐ **Some flight tickets are very expensive.**
어떤 비행기 티켓은 매우 비싸다.

☐ **There are cheaper tickets with transits.**
경유를 하면 더 저렴한 티켓을 구할 수 있다.

☐ **You can also take the new budget airline.**
새로운 저가 항공을 타는 것도 방법이다.

☐ **You can find deals online.**
온라인에서 특가를 찾을 수 있다.

☐ **Buying tickets in advance can save you money.**
티켓을 미리 구매하면 돈을 절약할 수 있다.

☐ How **can** I get a discount on hotels?
호텔 할인은 어떻게 받나요?

☐ You **can** stretch your money by staying at business hotels.
비즈니스 호텔에 머물면 돈을 아낄 수 있다.
* stretch one's money 돈을 아껴서 쓰다

☐ **Can** I cancel at any time?
언제든지 취소할 수 있나요?

☐ Plans **can** always change.
계획은 언제든 바뀔 수 있다.

☐ You **can** rebook at a lower price.
더 저렴한 가격에 다시 예약할 수 있다.

☐ **I'm sure this can save you at least $500.**
이렇게 하면 적어도 500달러는 절약할 수 있을 것이다.

☐ **There are so many free things to see and do.**
무료로 할 수 있는 볼거리, 할 거리들이 많이 있다.

☐ **The free tours at the airport are awesome.**
공항에 있는 무료 투어 프로그램이 굉장히 괜찮다.

☐ **Ride on the city bus. You can sightsee out the window.**
시내버스를 타라. 창밖으로 관광을 할 수 있다.

☐ **Markets are great options for lunches and snacks.**
시장은 점심과 간식을 해결하기에 좋은 선택지이다.

conversation # 여름 휴가 계획   대화로 들어 보세요

A   Have you started making plans for summer vacation?

B   Oh, my cousin and his wife **are** coming to visit from out of the country. So I'm making a list of places we **can** go together. What about you?

A   I've got a few ideas but nothing concrete. Where **are** you thinking of going?

B   First, I'm thinking of heading to the beach. We **can** relax and enjoy the water.

A   The beach is always a good idea. As for me, I'm considering a road trip across the countryside.

B   Sounds amazing! I **can** already picture it: windows down, music blasting. When **are** you thinking of hitting the road?

A   I was thinking mid-July.

B   Let me know how it goes.

Week 4

A: 여름 휴가 계획 세우고 계세요? B: 아, 외국에 사는 제 사촌동생이랑 제수씨가 놀러 온다고 해서 같이 갈 만한 장소를 알아보고 있는 중이에요. 당신은요? A: 생각하는 건 몇 가지 있는데, 아직 구체적인 건 없어요. 어디 갈 생각이에요? B: 먼저, 바닷가에 갈까 해요. 휴식도 하면서 물놀이도 좀 하고요. A: 바닷가는 언제나 옳지요. 저는 지방 도로 여행을 할까 생각 중이에요. B: 좋은데요! 벌써 그림이 그려져요. 창문은 내리고, 음악은 빵빵하게 틀고. 언제 가시려고요? A: 7월 중순쯤 생각하고 있어요. B: 다녀오시면 어땠는지 알려 주세요.

* concrete 구체적인   head to ~로 향하다   hit the road 여행을 시작하다, 출발하다

슈와로 발음하는 습관을 들이면 좋은 단어들 (3)

워러브유던
(What have you done?)

Day26.mp3

"심바! 대체 무슨 짓을 한 거야?!"

왕이 되기 위해 형을 죽이고, 그 죄를 어린 조카인 심바에게 씌워 조카마저 없애 버리기 위한 삼촌의 빌드업(build-up)이 담긴 영화 <라이언 킹(Lion King)>의 유명한 대사입니다.

"What have you done?" 은 유난히 영화에 자주 등장하는 대사인데요, 제가 학생들에게 질문을 많이 받는 문장 중 하나이기도 합니다. **"어떻게 발음하는지 모르겠어요", "다르게 말하는 것 같아요"** 라고 입을 모아 말하곤 합니다. 대체 발음에 무슨 짓을 한 것인지! 오늘 차근차근 같이 알아보실까요?

have[어브(v)] / has[어ㅈ/이ㅈ] / him[엄/음]

Day 4에서 he, his, him, her 등이 문장 중간에 등장하면 [h] 발음을 생략할 수 있다고 했었는데요, 똑같은 현상이 have에서도 흔하게 목격됩니다. 특히 **have/has+p.p.(과거분사)** 형태에서 흔하게 보이는데요, 왜냐하면 이때의 have는 의미를 담는, 즉 **강조되는 단어가 아니기 때문**이에요.

What have you done?을 빨리 발음할 경우

① [h] 발음 생략: [해브(v)] → [애브(v)]
② 슈와 변형: [애브(v)] → [어브(v)]
③ flap t(모음 사이): [웥 어브(v)] → [워러브(v)]

이에 따라, 최종 발음이 **[워러브(v)유던]**이 됩니다.

다른 예시를 하나만 더 들어 볼게요.

The **dogs have** been sleeping all day. 개들은 하루 종일 자고 있다.

① [h] 발음을 생략하고 모음을 슈와로 변형: **[어브(v)]**
② 앞 dogs의 끝 모음을 연음: **[더ㄱ저브(v)]**

has의 경우는 [해지]에서 [지] 발음만 살아남는 경우가 많습니다. 즉, 마치 소유격이나 복수형의 's 처럼 [이지]로 소리 나는 경우를 흔하게 볼 수 있습니다. 예를 들어,

This has been fun. 재미있었다.

여기서의 this has[디(th)ㅅ 해지]는 흔히 [디(th)시지]로 발음되기 때문에 this is와 발음이 혼동되기도 합니다. 하지만, 이 발음 또한 슈와 발음이에요. 모음을 약하게 발음하면서 자음 사이에 슬쩍 끼워 넣어진 [이] 소리이기 때문에 우리가 seat를 발음할 때처럼 강한 [이] 소리가 아니라는 것에 주의해 주세요.

자, 여기까지 [h] 발음 생략과 슈와 발음까지 배웠으니 him 발음을 다시 한 번 짚을 때가 되었네요. him의 모음은 슈와로 변형되는 대표적인 단어 중 하나입니다.

I like him. [아이 라일 힘] > [아이 라이낌] > **[아이 라이끔]**
Do you love him? [두유 러브(v) 힘] > **[두유 러븜(v)]**

him이 [음/엄]이 될 수 있는 이유, 이제 이해하셨죠? 그런데 눈으로 보고 이해만 해서는 아무 소용이 없습니다. 그럼 이제 같이 연습해 볼까요? ☺

sentence_<have, has>

다음 문장을 연습해 보세요

- **What have** I done to you?
  [워르ㅂ(v)]
  내가 너한테 뭘 했는데?

- **There have** been some issues.
  [데(th)어러ㅂ(v)]
  문제가 조금 있었다.

- **Things have** been tough.
  [띵(th)저ㅂ(v)]
  상황이 안 좋았었다.

- **My wife has** been doing well.
  [마이 와이피(f)ㅈ]
  내 아내는 잘 지내고 있다.

- **Everything has** changed.
  [이ㅈ]
  모든 것이 변했다.

☐ **What have you** been up to?
[워르ㅂ(v)유]
뭐 하고 지냈어?

☐ **This has** never happened before.
[디(th)시ㅈ]
이런 적은 처음이다.

☐ These past few **weeks have** been unbelievable.
[윅서ㅂ(v)]
지난 몇 주간은 믿을 수 없을 정도로 놀라웠다.

☐ My **health has** gotten so much better.
[헬씨(th)ㅈ]
건강이 많이 좋아졌다.

☐ **What have we** got here?
[워러ㅂ(v)위] / [워르위]
여기 뭐가 있나요?

↳ '이게 뭔가요?', '뭐가 있는지 봅시다.', '지금 무슨 상황인가요?' 등의 뜻으로 자주 쓰는 문장입니다. 입에 붙은 말이라 have의 [v]도 생략하고 what have we를 [워르위]로 발음하는 경우도 흔합니다.

189

sentence_<him>

다음 문장을 연습해 보세요

□ **What happened to him?**
[해-쁜투음]

그에게 무슨 일이 일어났나요?
↳ 슈와 발음을 적용해서 [트음]이라고 적지 않은 이유는 [틈]처럼 들릴 수 있기 때문입니다. to와 him을 구별되게 발음하되, 각각을 약하게 발음해 주세요.

□ **Look at him.**
[애름]

그를 보세요.

□ **I don't hate him.**
[헤이름]

나는 그를 싫어하지 않는다.

□ **I gave him a hug.**
[게이븜(v)]

나는 그를 안아 주었다.

□ **I told him that I love him.**
[토울듬] [러븜(v)]

사랑한다고 그에게 말했다.

- [ ] I **heard him** say he was sorry.
  [허r듬]
  그가 미안하다고 말하는 것을 듣게 되었다.

- [ ] I **saw him** dance.
  [쎠음]
  나는 그가 춤추는 것을 보았다.

- [ ] Let me speak **to him**.
  [투음]
  그와 얘기(통화)할 수 있게 해 주세요.

- [ ] I'm happy **for him**.
  [포(f)름]
  (그에게 생긴 좋은 일로 인해) 기쁘다.

- [ ] **Show him** around, will you?
  [쇼우엄]
  그에게 안내 좀 해 줄래요?

conversation #가족의 안부 묻기   대화로 들어 보세요

A How **has** your family been lately?

B My husband **has** been doing well. Thanks for asking! We just celebrated our anniversary last week.

A That's lovely to hear! How many years **have** you been married now?

B It **has** been 15 years! I can't imagine my life without **him**.

A Wow, that's amazing. Congratulations!

B Thanks! How's your brother doing? I haven't heard much about **him** recently.

A He just started a new job, so I'm really happy for **him**.

B That's great news! I know things **have** been tough lately. Please pass on my congratulations to **him**.

A Will do! Say hi to yours for me as well.

A: 요즘 가족들은 어떻게 지내? B: 남편은 잘 지내. 물어봐 줘서 고마워! 우리는 지난주에 결혼 기념일을 축하했어. A: 멋지다! 결혼한 지 이제 얼마나 된 거야? B: 15년! 이제 남편 없는 삶은 상상할 수도 없어. A: 와, 대단하다. 축하해! B: 고마워! 남동생은 어떻게 지내? 최근에는 소식을 못 들었네. A: 바로 얼마 전에 직장을 새로 구했어. 잘 돼서 정말 기뻐. B: 정말 잘 됐다! 최근에 좀 힘들었었지. 꼭 축하한다고 전해 줘. A: 그럴게! 너희 가족에게도 안부 전해 줘.

DAY 27

슈와로 발음하는 습관을 들이면 좋은 단어들 (4)

우더 쿠더 슈더?
(Woulda, Coulda, Shoulda?)

Day27.mp3

얼마 전 TV 광고를 보다가 배경음악이 좋아서 찾아봤더니 제목이 <Woulda, Coulda, Shoulda>란 곡이더라구요. **woulda, coulda, shoulda**는 '지난 일을 후회해 봐야 소용없다'란 의미의 표현입니다.

A: 내가 그때 이 말만 했어도…
B: Well, woulda, coulda, shoulda. 지금 와서 후회해야 무슨 소용!

<Woulda, Coulda, Shoulda>는 '나중에 후회하지 않고, 지금 고백하겠다'라는 내용을 담고 있는 노래입니다.

woulda, coulda, shoulda는 각각 would have, could have, should have가 줄여진 말인데요, 첫인상은 조금 어렵게 보여도 한번 익숙해지면 **활용도가 무궁무진**한 구문입니다. 오늘 연습하다 보면 어느새 입에 착 감기게 될 테니까, 겁먹지 말고 시작해 볼까요?

의미 정리

- **would have: ~했을 텐데**

  I would have waited. 내가 기다렸을 텐데.

- **could have: ~할 수 있었을 텐데**

  I could have been there. 내가 거기 갈 수 있었을 텐데.

- **should have: ~했어야 했는데**

    I should have bought it. 그걸 샀어야 했는데.

쉽게 발음하는 법

이 구문들의 발음은 천천히 하면 would have[우드 해브(v)], could have[쿠드 해브(v)], should have[슈드 해브(v)]이지만, 일반 대화에서 이렇게 천천히 발음하는 일은 거의 없다고 봐도 무방합니다. 일반적으로 would've, could've, should've처럼 축약해서 말하는데요(철자 자체는 축약이 안 될 수도 있습니다), 그때의 발음은 항상 [d]와 [v] 사이에 슈와를 넣은 **[드브(v)]**가 됩니다.

- would have / would've: **[우드브(v)]**
- could have / could've: **[쿠드브(v)]**
- should have / should've: **[슈드브(v)]**

발음이 이렇게 때문에 일부 철자에 약한 원어민들은 should've 대신 should of라고 잘못 적기도 합니다. 마치 우리가 검색창에 '띄어쓰기'를 많이 검색하는 것처럼 원어민들은 could have가 맞는지 could of가 맞는지 검색하기도 한답니다. 그만큼 발음이 비슷하다는 거죠.

그런데 이보다 더더! 게으르게 발음하는 방법이 있는데요, 앞에서 봤던 바로 그 발음!입니다.

- would've → woulda: [우더]
- could've → coulda: [쿠더]
- should've → shoulda: [슈더]

of의 발음이 자음 앞에서 [v] 발음이 사라지고 [어] 발음만 남는 것처럼 've의 발음도 [v] 발음을 빼고 아예 슈와 발음만 남기는 거죠. 다만, 이때는 제일 마지막에 발음되기 때문에 약간은 입을 벌리고 [아] 또는 [어] 비슷하게 발음해 줍니다. 발음해 보시면 이 방법이 훨씬 편하다는 걸 느끼실 거예요. 다만, 우리는 이 발음까지는 연습하지 않도록 할게요. 이 정도로 게으른 발음은 '듣기'를 위해 알아 두시면 충분합니다.

그럼 반대로 '~하지 않을 수 있었는데'처럼 not을 붙인 구문의 발음은 어떻게 될까요?

- **wouldn't have: [우드느브(v) / 우드너브(v)]**

    I wouldn't have waited. 내가 기다리지 않았을 텐데.

- **couldn't have: [쿠드느브(v) / 쿠드너브(v)]**

    '(과거에 노력했더라도) 불가능했을 것이다'라는 뜻으로, 문맥에 따라 우리말로는 해석이 조금씩 달라집니다.

    ① ~하지 못했을 텐데 (했다)

    I couldn't have done it without you. 너 없었으면 못 했을 거야.

    ② 실제 ~할 수 없었다(애초 불가능한 일이었다)

    I couldn't have known that. 내가 그것을 아는 것은 불가능했다.

    ③ ~였을 리가 없다

    That couldn't have been true. 그게 사실이었을 리 없다.

- **shouldn't have: [슈드느브(v) / 슈드너브(v)]**

    I shouldn't have bought it. 그걸 사지 말았어야 했는데.

발음도, 뜻도 쉽지 않지만 천천히 한번 연습해 보겠습니다. 당장 똑같이 발음하기는 쉽지 않더라도, 적어도 오늘 연습하고 나면 리스닝 실력은 확실히 늘어 있을 거예요. ☺

phrase 다음 짧은 구를 연습해 보세요

- [ ] **could have been different [쿠드ㅂ(v)빈 디ㅍ(f)른트]**
  다를 수 있었는데

- [ ] **could have avoided [쿠드ㅂ(v) 어보(v)이디드]**
  피할 수 있었는데

- [ ] **would have adopted [우드ㅂ(v) 어닾티드]**
  입양했을 텐데

- [ ] **should have checked [슈드ㅂ(v) 췤트]**
  확인했어야 했는데

- [ ] **couldn't have known it [쿠드느ㅂ(v) 노우닡]**
  그것을 알 수 없었다

- [ ] **shouldn't have skipped [슈드느ㅂ(v) ㅅ낖트]**
  건너뛰면 안 되는 거였는데

- [ ] **wouldn't have had to [우드느ㅂ(v) 해투]**
  ~하지 않았어도 됐는데

sentence　　　　　　　　　　　　　　　　다음 문장을 연습해 보세요

☐ **Things could have been different.**
상황은 달라졌을 수도 있다.

☐ **I could have avoided my dog's weight gain.**
우리 개가 살 찌는 걸 피할 수도 있었는데.

☐ **My dog wouldn't have developed arthritis.**
우리 개가 관절염에 걸리지 않았을 텐데. * develop 병이 생기다

☐ **I should've had my dog's weight checked annually.**
매년 (병원에서) 개 몸무게를 체크했어야 했는데.

☐ **I could have walked my dog more often on sunny days.**
날씨 좋은 날 우리 개 산책을 더 많이 시킬 수도 있었을 텐데.

- [ ] **I shouldn't have** skipped the exercise.
  운동을 빼먹으면 안 됐는데.

- [ ] **I couldn't have** been more wrong.
  내가 더 틀릴 수 없었다. → 내가 완전히 틀렸다.

- [ ] **I shouldn't have** let my kid feed the dog.
  아이한테 개밥을 주도록 하는 게 아니었는데.

- [ ] **I should have** recognized the signs of illness.
  병의 징후를 알아챘어야 하는 건데.

- [ ] Without the vet, my dog **would have** died already.
  그 수의사가 아니었으면, 우리 개는 벌써 죽었을 것이다.

conversation # 반려동물 및 병원에 관한 대화

대화로 들어 보세요

A   Hey. Do you know a good vet around here?

B   Anywhere but not the new one on the corner.

A   Why? What happened?

B   Well, that doctor prescribed the wrong medication, and my dog **could have** died.

A   What? That's awful!

B   I **should have** stuck with the old vet that I used to go to.

A   Why did you change?

B   I don't like the way she talks. It gets me every time. I **would have** changed already if I could find a trustworthy vet in this area.

A   My cat had surgery a year ago. She **couldn't have** survived without this vet. The only problem is that this clinic is a bit far from here.

B   That's fine. I would love to try that one. Thanks!

A: 저기, 근처에 괜찮은 동물 병원 아는 곳 있으세요? B: 다른 곳은 몰라도 모퉁이에 새로 생긴 곳은 절대 가지 마세요. A: 왜요? 무슨 일 있었어요? B: 글쎄, 의사가 처방을 잘못 내려서 우리 개가 죽을 뻔했어요. A: 정말요? 어이가 없네요! B: 원래 가던 병원으로 그냥 갔어야 했는데 말이죠. A: 왜 바꾸셨어요? B: 의사 말투가 맘에 안 들어요. 항상 신경을 거슬리게 해요. 근처에 믿을 만한 병원 있었다면 진작에 바꿨을 거예요. A: 일 년 전에 저희 집 고양이가 수술을 했거든요. 이 선생님 아니었으면 못 살았을 거예요. 근데 유일한 단점 이 여기서 좀 멀다는 거예요. B: 괜찮아요. 거기 한번 가 봐야겠네요. 고마워요! * get 짜증나게 하다

th 발음을 쉽게 하는 법

고우 게름, 타이거r
(Go get 'em, tiger.)

Day28.mp3

오늘은 영화 <스파이더맨 2(Spider-Man 2)>의 엔딩 장면에 등장하는 명대사를 살펴볼게요. 다른 남자와 약혼했지만 여전히 스파이더맨인 옛 남자 친구 피터를 잊지 못하던 MJ는 결국 결혼식장을 뛰쳐나와 피터에게 고백합니다. 그 순간 출동을 의미하는 사이렌이 울리고, MJ는 피터를 놔주면서 말하죠.

"Go get 'em, tiger."

Go get 'em, tiger!는 스포츠 경기나 중요한 인터뷰 등 어떤 어려운 과제를 앞두고 있는 사람(주로 어린아이나 친구 등)에게 '**파이팅!**'이라고 **격려하고 응원**하는 말입니다. 그런데 'em은 뭘까요? 'em은 them을 줄인 말입니다. 여러분, 그동안 th 발음 참 힘들지 않으셨어요? 오늘 희소식을 들고 왔습니다!

the: dental th / them [듬(th), 음]

영어권 국가에서 태어나서 자라는 아이들이 th를 제대로 발음하려면 평균 몇 살이 되어야 하는지 아시나요? 무려 만 5~6세가 되어야 합니다! 더딘 아이들은 초등학교 2학년까지도 이 발음을 힘들어한다고 합니다. 초등학교 갈 나이까지 영어만 듣고 영어만 말하는 아이들도 가장 늦게 배우는 발음이 바로 이 th라는 사실, 놀랍지 않은가요? 그러니까 th 발음이 어렵다고 너무 좌절할 필요 없습니다. 그만큼 원래 어려운 발음이니까요.

좌절하지 않아도 될 또 한 가지 다른 이유는 th를 조금 더 쉽게 발음하는 다른 방법들이 있기 때문입니다.

1) dental th (dental: 치아의)

원래 th는 혀를 치아 사이에 끼웠다 빼면서 내는 소리죠. 그런데 말하는 와중에 그렇게 정석으로 발음하기엔, th에 쏟는 에너지가 너무 큽니다. 그래서 '약식'으로 발음하기도 하는데, 바로 **혀를 윗니에 댄 채로 발음**하는 거예요.(혀가 더 뒤쪽 입천장에 가서 붙는 [d]와는 구분됩니다) 이런 방식은 밥 먹듯이 쓰지만 의미상 중요하지 않은 단어, **대표적으로 the에 적용**될 때가 많습니다.

2) 생략

두 번째는 th발음을 **아예 생략하는 방법**입니다. 그러나 이 생략은 아무 데서나 일어날 순 없어요. **생략이 일어나는 대표적인 단어는 them**입니다. 그래서 아예 put 'em, get 'em 등 'em으로 표기하기도 합니다. 참고로, them 소리는 [뎀(th)], 모음을 슈와로 바꾼 [듬(th)/덤(th)], 그리고 th를 생략한 [음/엄]으로 나뉩니다.

또 다른 경우는, 앞 소리가 [z]로 끝나고 [ㄷ(th)]가 따라올 때입니다. 하지만 이 발음은 리스닝을 위해서만 알아 두세요.

㉠ is there: [이ㅈ 데(th)어r] → [이제어r]

오늘은 the와 them 발음을 집중적으로 연습해 보겠습니다. the를 발음할 때는 일부러 혀를 치아에 대기만 하고 발음해 보세요. 그리고 them 발음은 [듬(th)/덤(th)]과 [음/엄]으로만 해 보겠습니다. them으로 써진 발음은 [듬(th)/덤(th)]으로, 'em으로 써진 발음은 [음/엄]으로 발음해 주세요.

| **주의** | 영어권 아이들도 오랜 기간 th 발음을 연습하여 숙달한다는 사실, 기억하시죠? 너무 약식 발음에만 치중하지 않도록 주의해 주세요.

phrase

다음 짧은 구를 연습해 보세요

- **some of them [써머ㅂ(v) 듬(th)] / [써머듬(th)]**
  그들 중 일부

- **enough of 'em [이너 퍼(f)ㅂ(v)음]**
  그것들의 충분한 양

- **heard of 'em [허r 더ㅂ(v)음]**
  그것들에 대해 들었다

- **all of 'em [얼러ㅂ(v) 음]**
  그것들 전부

- **one of 'em [워너범(v)]**
  그것들 중 한 개

- **out of 'em [아우러ㅂ(v)음]**
  그 중에서

- **give 'em [기ㅂ(v)음]**
  그들에게 주다

☐ **put 'em [푸름]**
그것들을 놓다

☐ **time to cook them [타임 투 쿡듬(th)]**
그것들을 요리할 시간

☐ **give 'em the answer [기ㅂ(v)음 디(th) 앤써r]**
그들에게 대답해 주다

☐ **make them feel good [메잌듬(th) 피(f)얼 굳]**
그들을 기분 좋게 하다

☐ **tell them the truth [텔듬(th) 더(th) 트루ㅆ(th)]**
그들에게 진실을 이야기하다
↳ the를 발음할 때 혀를 치아에 대고 발음해 보세요.

☐ **pick that up [픽대(th)럽]**
그것을 들어올리다
↳ that을 발음할 때 혀를 치아에 대고 발음해 보세요.

☐ **leave those behind [리ㅂ(v) 도(th)ㅈ 비하인ㄷ]**
그것들을 남겨두다
↳ those를 발음할 때 혀를 치아에 대고 발음해 보세요.

 **sentence** 다음 문장을 연습해 보세요

☐ **I'm going to start with the dressing.**
드레싱으로 시작할게요.
↳ with와 the는 연음되면서 한 번만 소리 내면 됩니다. 정석대로 혀 사이로 넣어서 발음해도 되고, 치아 뒤에 대고 발음하셔도 됩니다.

☐ **Mix 'em together.**
[믹ㅅ음]
잘 섞어 주세요.

☐ **You can see the creaminess of the dressing.**
드레싱이 크림처럼 되는 걸 볼 수 있을 거예요.

☐ **You can use whatever greens you have in the fridge.**
냉장고에 있는 아무 채소나 사용하시면 됩니다. * greens 녹색 채소

☐ **We're going to make a salad out of 'em.**
[아우러ㅂ(v)음]
그것들로 샐러드를 만들 거예요.

- [ ] **Give 'em a good rinse.**
  [기븜(v)]
  잘 씻어 주세요.

- [ ] **Take a couple of them.**
  [어 커플러ㅂ(v) 덤(th)]
  그 중 몇 개만 취합니다.

- [ ] **We'll cut them into thin strips.**
  [컽듬(th)]
  채를 썰 거예요. * cut into thin strips 가느다란 조각으로 썰다, 채 썰다

- [ ] **Put 'em in a big-sized bowl.**
  [푸틈]
  큰 사이즈의 볼에 담아 주세요.

- [ ] **Gently toss 'em in the dressing.**
  [터ㅅ엄]
  그것들을 가볍게 드레싱에 버무려 주세요.
  * toss 가볍게 던지다, 버무리다

conversation # 요리 레시피 공유

대화로 들어 보세요

A Hey. That dish you made for **the** potluck party was amazing! Do you mind sharing **the** recipe with me?

B I'm glad you liked it! Sure. It's actually quite simple. First, you need some fresh vegetables—whatever you like. Then, chop **them** up and throw **'em** in a bowl with a bit of salt. Set **them** aside and mix **the** sauce. **The** sauce is a combination of soy sauce, garlic, and ginger.

A How do you make sure the veggies stay crispy and not soggy?

B It's all about timing. I cook **'em** on high heat just until they're tender. Then, I add **the** sauce toward **the** end to prevent **them** from getting too wet.

A I'll have to be careful not to overcook **them**. Thanks for **the** tip!

A: 있잖아, 네가 저번 포틀럭 파티에 가져왔던 요리 정말 맛있더라! 레시피 좀 공유해 줄래? B: 맛있었다니 기분 좋네! 그럼. 사실 아주 간단해. 먼저, 아무거나 네가 좋아하는 신선한 야채들을 준비해. 그런 다음, 적당히 썰어서 볼에 담고 소금을 조금 뿌려 놔. 한쪽에 치워 놓고 이제 소스를 만들어. 소스는 간장, 마늘, 생강을 섞으면 돼. A: 어떻게 야채를 눅눅해지지 않고 바삭하게 하는 거야? B: 시간이 중요해. 부드러워질 때까지만 높은 온도에서 조리하고, 조리가 마무리될 즈음에 소스를 얹는 거지. 그래야 야채가 너무 눅눅해지는 걸 방지할 수 있어. A: 너무 조리하지 않도록 조심해야겠다. 팁 고마워!

* potluck party 각자 음식을 조금씩 가져와서 나눠 먹는 식사

DAY 29

have/has to 쉽게 발음하는 방법

잇 해ㅅ트비 트데이
(It has to be today.)

Day29.mp3

우리는 보통 무지개를 일곱 가지 색으로 알고 있지만, 문화에 따라 여섯 가지 색, 또는 여덟 가지 색으로 나누기도 한다고 합니다. 아니, 갑자기 왜 무지개 타령이냐고요? '그건 그럴 것이다!'라는 선입견이 보고 듣는 오감까지도 지배할 수 있다는 걸 말씀드리고 싶었어요.

그동안 has to는 has[해ㅈ]와 to가 합쳐진 거니까 당연히 [해ㅈ투]겠지! 이렇게 생각하고 계셨기 때문에, 지금까지 has to를 다르게 들어 본 적이 없다고 느끼실 거예요. 그런데 정말 그럴까요?

영화 <겨울왕국(Frozen)>의 삽입곡 <For the First Time in Forever>에서 마지막 부분의 It has to be today.를 다시 들어 보세요. 단, 이번에 들을 때는 '[해ㅈ투]가 아닐 수도 있다'라는 전제를 가지고 들어 볼까요? 다시 백지 상태에서 리스닝을 하는 거죠.

자, 이제 다르게 들리시나요? **[z] 발음은 못 들으셨을 거예요.** [해ㅈ]가 아니라 [해ㅅ]라고 발음하고 있습니다.

have to [해ㅍ(f)트] / has to [해ㅅ트]

요즘 한글 받아쓰기를 연습하는 딸아이가 '장난감'을 '장낭감'으로, '웃긴다'를 '욱긴다'라고 써서 크게 웃은 적이 있습니다. 이처럼 앞뒤 소리의 영향을 받아 발음이 비슷하게 변하는 '동화 현상'은 어느 언어에나 존재합니다. 발음하기가 한결 편하니까요. 영어에서도 sweet potato → sweep potato, wine bar → wime bar와 같은 발음 동화가 일어납니다. 하지만 이런 발음은 '편한 발음'일 뿐 '표준 발음'은 아니죠.

그런데 예외적으로, **'사전에 등재될 정도로'** 모두 동의하는 발음이 있는데요, 바로 **have to와 has to**입니다.

성대를 울려서 내는 [v], [z] 같은 유성음은 목을 울리지 않는 [s], [f] 같은 무성음보다 노력이 더 많이 들어갑니다. 따라서 이런 유성음이 무성음과 붙어 있을 경우 발음이 한결 편한 무성음으로 바뀌는 경향이 있습니다.

더더욱 have to와 has to의 경우는 문장 내에서 **약하게 발음**되는 경우가 많기 때문에 **에너지를 적게 쓰는 무성음**으로 바뀔 확률이 높아지죠. 이에 따라 have to는 [해프(f)트]로 has to의 경우 [해스트]로, [v]와 [z]가 각각 [f]와 [s]로 바뀌어서 소리 납니다.(to의 모음은 슈와로 변형됩니다) 하지만 그렇다고 [f], [s] 소리를 강하게 내뱉으면 안 됩니다! 가볍게 공기만 내뱉는다는 느낌으로 발음해야 합니다. 그럼 편하게 연습해 볼까요?

phrase

다음 짧은 구를 연습해 보세요

- **has to move [해ㅅ투 무ㅂ(v)]**
  이동/이사해야 한다

- **has to find [해ㅅ투 파(f)인ㄷ]**
  찾아야 한다

- **have to pay for [해ㅍ(f)투 페이포(f)어r]**
  ~의 값을 지불해야 한다

- **has to do with [해ㅅ투두 위ㄷ(th)]**
  ~과 관련이 있다

- **have to deal with [해ㅍ(f)투 디얼 위ㄷ(th)]**
  ~을 다뤄야 한다

- **has to be done [해ㅅ투비 던]**
  ~을 해야 한다 / ~을 끝내야 한다

- **don't have to worry about [돈 해ㅍ(f)투 워리 어바웉]**
  걱정할 필요가 없다

Week 4

 **sentence**

다음 문장을 연습해 보세요

☐ **Try to remember what you have to do.**
해야 할 일을 잊지 마세요.

☐ **Whatever needs to be done has to be done.**
어쨌든 해야 될 일은 해야만 한다.

☐ **You don't have to do it all at once.**
모두 한 번에 해야 하는 것은 아니다.

☐ **We have to start making a checklist.**
체크리스트 만들기 시작해야 한다.

☐ **A moving date has to be set.**
이사 날짜가 정해져야 한다.

- [ ] We'll **have to** decide what to keep and what to throw away.
  어떤 건 가져가고 어떤 건 버릴지 결정해야 할 것이다.

- [ ] Your mover **has to** be aware of all the details.
  이삿짐 나르는 사람이 세세한 것도 다 알고 있어야 한다.

- [ ] The old home **has to** be cleaned before moving out.
  이사 나가기 전에 예전 집을 청소해야 한다.

- [ ] Everything **has to** be unpacked again.
  짐을 모두 다시 풀어야 한다.

- [ ] See what your new town **has to** offer.
  새로운 동네에 뭐가 있는지 살펴보세요.
  * have something to offer (사람들이 원하는) ~을 지니다, 제공할 수 있다

conversation # 이사 준비

대화로 들어 보세요

A I heard you're moving to another town soon!

B Yeah, it has been a whirlwind of packing and planning lately. I **have to** sort through all my belongings and decide what to take with me.

A I can imagine. Do you have a moving company lined up?

B Yeah, I just **have to** finalize the details with them this week. Who says moving **has to** be complicated? They're taking care of everything.

A That's good. What about your new place?

B I **have to** sign the lease tomorrow actually. I think I found a good spot.

A That's a relief. Just let me know when and where you need me.

B Thanks, friend. I'll definitely keep you posted. And once I'm settled in, you'll **have to** come and visit me in my new town!

A: 곧 다른 동네로 이사 간다는 소식 들었어! B: 응. 요즘 짐 싸고 준비하느라 정신이 없네. 전부 정리하면서 어떤 걸 가지고 가야 할지 정해야 하니까. A: 그렇겠네. 이삿짐 센터는 정했어? B: 응, 이번 주에 세부 사항을 마무리할 거야. 누가 이사가 복잡하대? 이삿짐 센터가 다 해 주더라. A: 좋네. 새 집은 어때? B: 내일 계약서에 사인해야 해. 좋은 곳으로 잘 고른 것 같아. A: 다행이네. 나 필요하면 언제든지 불러. B: 고맙다, 친구. 소식 계속 전할게. 이사하고 적응하면 우리 동네에 한번 놀러 와!

* whirlwind 회오리 바람, 정신없는 상황 sort through 정리하기 위해 살펴보다 line something up 준비하다

REVIEW
DAY 30

혀를 단련시키자!
Tongue Twister!

Day30.mp3

Week 4

Father, mother, sister, brother, hand in hand with one another.

| 발음 | 리듬을 타야 해요. Fa / mo / sis / bro / hand / hand / one / (a)no 여기에 정박이 들어갑니다. 그러기 위해서는 -ther, -er처럼 강세가 들어가지 않는 약한 슈와 발음 [어r]은 빠르고 낮게 발음해야 합니다.

| 의미 | 아빠, 엄마, 언니, 오빠, 다 같이 손에 손을 잡고.

Is this the thing? – Yes, this is the thing.

| 발음 | 치아 사이로 혀를 넣었다 뺐다 반복하면 이 문장을 발음하기 힘듭니다. dental th를 적절히 섞어 줘야 하는데요, 특히, this는 반드시 [s] 발음 때문에 혀를 다시 집어넣어야 하므로 이 this를 dental로 발음하면 문장을 훨씬 쉽게 발음할 수 있습니다.

| 의미 | 이게 그것입니까? – 네, 이것이 그것입니다.

Three thin thieves thought a thousand thoughts. Now if three thin thieves thought a thousand thoughts, how many thoughts did each thief think?

| 발음 | three, thieves, each는 입술을 양옆으로 길게 벌리고 [이]라고 발음하고, thin, if, think는 [이]와 [에] 중간 발음이라 생각하고 입을 더 벌려서 발음합니다. thought는 입을 크게 벌리고 [써ㅌ]와 [싸ㅌ]의 중간 발음으로 해 주세요.

| 의미 | 세 명의 마른 도둑이 천 가지 생각을 했다. 세 명의 마른 도둑이 천 가지 생각을 했으니 각각의 도둑은 몇 가지 생각을 한 것인가?

한 주간 고생하셨습니다!

213

발음 연습 Tip

연음이 좋아지는 학습 Tip

꼭 녹음하세요!
발음 연습을 하실 때는 자신의 발음을 꼭 녹음해서 들어 보세요. 머릿속에서 내가 했다고 생각하는 발음과, 실제로 내뱉은 발음이 상당히 다르다는 걸 확인하실 수 있을 거예요. '아, 이 발음이 달랐구나' 하고 바로 알 수 있다면 교정해서 수정 녹음해 보고 다시 들어 보세요. 만일 '다르긴 한데 뭐가 다른 건지 모르겠다' 하신다면 일단 체크만 해 두고 넘어가셔도 괜찮습니다. 이 책으로 공부하고 연습하다 보면, 뭐가 다른지 깨닫게 되는 날이 올 거예요. 그때쯤에는 이미 교정이 되어 있을지도 모르고요. 😊

팝송을 활용하세요!
노래는 발음 연습에 굉장히 좋은 자료입니다. 노래만큼 연음을 자세히, 그리고 느린 속도로 들려줄 수 있는 자료는 없거든요. 또한 따라하고 외우기 쉽기 때문에 연습용으로 안성맞춤입니다. 저도 팝송으로 영어 발음 많이 배웠답니다! 다만, 연음 연습을 위해 팝송을 고를 때는 당연히 빠른 속도의 템포가 아니라 내가 따라 부를 수 있을 정도의 상대적으로 느린 속도의 팝송이어야겠죠?

발음 연습 Tip

발음 교정을 위한 쉐도잉 Tip

속도를 늦추세요

우리는 '영어가 유창하다'와 '영어를 빨리 말한다'를 같은 개념이라고 여기는 경향이 있는데, 그건 잘못된 생각입니다. 특히나 발음을 교정하고자 한다면 이 '속도'에 대한 집착은 버리셔야 해요. 왜냐하면 발음은 '습관'의 영역이기 때문에 평소 하던 속도대로 말하면 내 근육은 옛날의 습관을 따라가게 되어 있어요. 발음 교정을 목표로 하신다면 속도를 평소보다는 조금 늦춰서 연습하는 것을 추천드립니다.

대본은 일단 치워 두세요

'눈은 귀보다 빠르다' ㅎㅎ 무슨 말이냐고요? 쉐도잉할 때 대본을 펼쳐 놓으면 눈으로 대본을 읽느라 실제 소리가 어떻게 들리는지 간과하게 돼요. 이미 그 문장이 어떻게 발음될지 내 머릿속에서 재생되고 있기 때문에, 형식적으로는 듣고 따라하는 것처럼 보여도 실제로는 문장을 그냥 읽는 것에 지나지 않습니다. 따라서 쉐도잉을 할 때는 잠시 대본을 치워 두고 먼저 소리에 집중해 보세요. 대본은 이후에 확인의 용도로 사용하시면 됩니다.

재미로 읽는 문화 Tip

난 칭찬이었는데…

우리나라 사람들을 비롯한 아시아인들은 대체적으로 본인과 남들의 외모에 관심이 많은 편입니다. 일례로, 인도네시아에서는 오랜만에 만난 사람에게 그 사람의 체중을 언급하는 것이 관례라고 하네요. "지난 번보다 살쪘네요!", "지난 번보다 살이 빠졌네요!"와 같이요. 우리나라 사람들은 칭찬으로 다른 사람의 '구체적인 생김새'를 언급하는 경우가 많죠? 가령 '잘생겼다', '예쁘게 생겼다', '눈이 크다', '피부가 희다', '머리가 작다', '몸매가 좋다', '키가 크다' 등을 칭찬 삼아 이야기합니다.

하지만 서양에서는 본인의 생김새에 대해 다른 사람이 구체적으로 언급하는 것을 부담스러워할 수 있습니다. 나아가 '무례하다'고 여길 수도 있어요. 서양에서의 '외모 칭찬'이라고 하면 그날 입은 옷이나 신발, 머리 스타일 정도를 언급하지, 실제로 그 사람이 어떻게 생겼는지에 관한 이야기는 잘 하지 않습니다. 아무리 그 사람이 예쁘거나 잘생겼다고 해도 말이지요.

따라서 서양인들과 이야기할 때는 상대방을 칭찬하고 싶더라도 그 사람의 외모를 '평가'하는 말은 되도록이면 삼가는 것이 좋습니다. 간단히 "You look great today." 정도면 충분합니다. ☺